Décembre 1997. —

Il paraît que vous avez des clous...
A présent vous aurez tout votre loisir
pour vous exercer à cette spécialité
qu'est : l'art culinaire !!
Bonne chance à vous
Très cordialement,

Anne Dittner

RÉGIONS GOURMANDES

L'Alsace

RÉGIONS GOURMANDES

L'Alsace

SUE STYLE

Traduction et adaptation Hélène Tordo

Avant-propos Anne Willan

Photographies Marianne Majerus

Première publication en Grande-Bretagne
en 1996 sous le titre "Alsace Gastronomique"
par Conran Octopus Limited
37, Shelton Street
Londres WC2H 9HN

Texte Copyright © Sue Style, 1996
Conception et maquette
© Conran Octopus Limited, 1996
Photographies © Marianne Majerus, 1996

Publication en langue française

sous le titre
RÉGIONS GOURMANDES
L'ALSACE
dans une traduction et adaptation
de Hélène Tordo
© Hatier Littérature Générale, Paris, 1996
pour la langue française

Tous droits réservés

Toute représentation, traduction, adaptation
et reproduction, même partielle, par tous procédés,
en tous pays, faite sans autorisation préalable,
est illicite et exposerait le contrevenant
à des poursuites judiciaires.
Réf. Loi du 11 mars 1957.

Dépôt légal n° 96.01.24
ISBN n° 2.7438.0060
ISSN: 1258 -1593

Imprimé et relié à Singapore

SOMMAIRE

Avant-propos 7
par Anne Willan

Introduction 8
Carte de l'Alsace

L'Alsace du Nord 16
Des Vosges du Nord au fertile Kochersberg en passant par le pays de Hanau,
Outre-Forêt et Strasbourg
Recettes 32

La route des Vins 46
De Marlenheim à Colmar et Thann en suivant les vignobles
Recettes 62

Le Sundgau et la plaine du Rhin 76
Mulhouse, les Trois Vallées, le Jura alsacien et la plaine
Recettes 90

Les Vosges 104
Le massif du sud au nord, de pics en ballons, en suivant la route
des Crêtes et les vallées
Recettes 118

Guide touristique 130

Liste des recettes et index 141

Avant-propos

PAR ANNE WILLAN

Née du mariage du talent français et de la générosité germanique, la gastronomie alsacienne ne pouvait être qu'une réussite. La flammekueche, le poulet au riesling, le civet de chevreuil aux chanterelles, les spätzles ou le strüdel aux quetsches... les recettes que nous livre Sue Style au cours de son circuit culinaire de la région évoquent autant de festins. Après la colossale choucroute garnie de diverses saucisses et viandes fumées à laquelle nous nous sommes attaquées en ce jour de pluie près de la gare de Colmar, j'ai cru un instant que je n'aurais plus jamais faim. Mais l'assortiment de tourtes et de terrines présentées à la devanture d'un traiteur voisin m'a rapidement détrompée. On y préparait un mariage et l'étalement des produits composait comme une nature morte traduisant tout le talent de l'artiste-cuisinier.

Les bons plats commencent toujours par les bons ingrédients: arbres fruitiers de la plaine du Rhin, dont les fruits parfument les célèbres alcools blancs d'Alsace; sangliers, chevreuils et champignons des montagnes boisées des Vosges; vaches des pâturages luxuriants de la vallée de Munster... en Alsace, les bons ingrédients ne manquent pas. Sans oublier les pains qui la distinguent du reste de la France: pain de seigle compact, kougelhopfs légers, sucrés ou salés, ou innombrables viennoiseries aux noms évocateurs. Enfin, il suffit de passer dans l'un des nombreux villages qui se nichent au pied oriental des Vosges pour percevoir quelle prospérité le vin a offert à la région, depuis le Moyen Age et au-delà.

L'adjectif pittoresque aurait pu être inventé pour l'Alsace et les photographies de Marianne Majerus révèlent parfaitement l'atmosphère de la province, de vergers en potagers, de tables frugales en vitrines appétissantes, de rues fleuries de géraniums en superbes maisons à colombage. Petite par la taille, l'Alsace est immense par ce qu'elle nous réserve et les restaurants raffinés y sont plus nombreux que partout en France. Ne manquez pas cet enchantement!

(A l'extrême droite) La superbe enseigne en fer forgé de la Pharmacie du Cygne, à Colmar, représente un apothicaire à l'ouvrage. (A droite) L'Alsace, et notamment les Vosges, est célèbre pour ses eaux-de-vie de fruits. (Ci-dessous) Crépuscule sur Kaysersberg. A Noël, les maisons et les édifices publics sont décorés avec un goût exquis.

*(En bas) En Alsace, de nombreux anciens jouissent encore du droit de bouillir sans payer de taxe s'ils ne vendent pas leur production. Ce fermier utilise ses fruits pour distiller de l'eau-de-vie de poire.
(Ci-dessous) Les moules traditionnels en céramique exposés au musée du pays de Hanau servaient à faire cuire les agneaux de Pâques (en bas à droite) que certaines boulangeries vendent encore en saison.*

INTRODUCTION

La légende raconte que, venu de Lorraine par le col de Saverne pour inspecter sa nouvelle province d'Alsace en 1681, le Roi-Soleil se serait exclamé : "Ah quel beau jardin!" Aujourd'hui, le voyageur qui entre en Alsace par le nord emprunte approximativement le même chemin, filant sur l'autoroute taillée dans le grès rose avant de s'engouffrer sous une passerelle à gibier pour être accueilli par un panneau qui annonce fièrement "Vous êtes en Alsace". Au-delà, aujourd'hui encore, s'étend le beau jardin de l'Alsace.

La courte limite nord et la face occidentale de la région sont bordées par le massif des Vosges, territoire d'élection des chasseurs, des randonneurs et des skieurs de fond, dont les épaisses forêts abritent le sanglier, le cerf et les champignons. Au pied des Vosges, les fiers et prospères villages viticoles arborent leurs maisons colorées à colombage dont les toits pentus sont garnis de tuiles plates caractéristiques dites en "queue de castor". Plus bas, vers l'est, les coteaux couverts de vigne cèdent la place aux champs de céréales, de maïs et de choux du fertile fossé rhénan. Puis vient le Rhin, majestueux et imposant même ici, à des centaines de kilomètres de son embouchure de Rotterdam. Enfin, tout au sud, le paysage doucement vallonné du Sundgau et ses verts pâturages, ses vergers et ses innombrables étangs à carpes s'élève peu à peu vers le Jura suisse qui marque la limite méridionale de l'Alsace.

"Alsace" est l'ancien nom géographique d'une province aujourd'hui composée de deux départements : le Haut-Rhin au sud avec Colmar et Mulhouse ; le Bas-Rhin au nord avec Strasbourg, sa capitale. Au cours des trois cent cinquante années qui se sont écoulées depuis que le Roi-Soleil rattacha pour la première fois l'Alsace à la France, la frontière a changé plusieurs fois de place. En 1871, elle est passée du Rhin aux Vosges pour revenir au Rhin en 1918, puis de nouveau aux Vosges en 1939, et enfin au Rhin en 1945. Selon que les consignes venaient de Paris ou de Berlin, les dialectes apparurent et disparurent ; les villes et les villages furent détruits ou rebâtis ; les coutumes adoptées ou abandonnées pour forger le visage de l'Alsace que nous connaissons à présent.

En raison de sa situation géographique, la région a toujours été un lieu de passage, un couloir naturel ouvert aux idées nouvelles et aux changements. Cependant, tout au long de son histoire mouvementée - et peut-être à cause de celle-ci - ses habitants sont restés farouchement attachés à leurs traditions, notamment dans le domaine culinaire. Aujourd'hui, la région possède une forte identité qui, modelée au cours des siècles par les influences étrangères, offre une combinaison particulièrement intéressante du point de vue gastronomique.

Comme dans d'autres régions de France, ce sont les Romains qui jetèrent les bases de la grande cuisine et des vins fins de l'Alsace actuelle. Outre la vigne, ils introduisirent des fruits, des légumes et des herbes jusqu'alors inconnus dans ces contrées aussi au nord. Sans eux, pas de cerises ni de kirsch alsacien ; pas de choux ni de choucroute ; pas d'asperges, but de nombreux pèlerinages de printemps ; pas plus de foie gras et de nouilles à base de pommes de terre dont les Alsaciens sont si friands.

Par la suite, les moines bénédictins développèrent la gastronomie alsacienne et lui donnèrent ses lettres de noblesse en appliquant tout leur talent à la fabrication du vin, de l'eau-de-vie, de la bière, du fromage et du salage et du fumage du porc. Publié en 1671 et destiné tant aux communautés religieuses qu'aux amateurs profanes, le célèbre Kochbuch de l'abbé bénédictin Buchinger constitue une chronique fascinante du régime alimentaire et de la vie quotidienne au XVIIe siècle. Certaines des recettes qui y sont consignées, pâtés, terrines, nouilles ou marinades aux herbes pour les viandes rôties à la broche, sont familières et rassurantes ; d'autres, comme les queues de castor ou le ragoût de boeuf aigre-doux truffé d'épices, risquent d'être moins appétissantes pour notre palais moderne.

Célèbre pour ses vins, ses fromages et sa charcuterie, l'Alsace se distingue aussi par son pain. Alors que la plupart des Français se contentent de la baguette et autres pains blancs, les Alsaciens disposent d'une gamme très étendue de pains parfumés et à la texture surprenante : à base de blé complet, de seigle ou d'épeautre, ils sont parfois agrémentés de graines de pavot, de tournesol ou de sésame. Le *kougelhopf*, sorte de brioche en couronne, peut être sucré ou, salé, garni de lardons et de noix à la place des traditionnelles amandes.

Les forêts et les montagnes d'Alsace ont toujours été giboyeuses et l'on savoure encore en automne de nombreux plats de gibier accompagnés des incontournables *spätzles*. Le poisson est un autre mets fort prisé par les Alsaciens. Dès 1580, lors d'un séjour dans la région, Montaigne lui-même remarquait combien les cuisiniers alsaciens savaient le préparer avec bonheur. Des Vosges au Sundgau, les rivières, les torrents et les étangs regorgent de truites et de carpes et on pêche de nouveau dans le Rhin l'écrevisse, l'anguille, le sandre, voire le saumon.

Mais c'est surtout pour son vin que l'Alsace est célèbre dans le monde entier. L'élégante flûte du Rhin, bouteille à la mince silhouette caractéristique, est étiquetée - ce qui est inhabituel pour la France - d'après le cépage : riesling, gewurztraminer, pinot gris (ou tokay pinot gris), muscat, pinot blanc, sylvaner ou pinot noir. En fonction du cépage et de la méthode de vinification, le vin sera austère ou ouvert, opulent ou nerveux, fruité ou léger et plus neutre. La plupart des vins d'Alsace sont secs, mais on y produit également des vins naturellement doux tels que les "vendanges tardives" ou les "sélections de grains nobles".

Sans doute parce qu'elle est proche de l'Allemagne et de la Suisse, l'Alsace a déjà acquis certaines des habitudes de ses voisins en matière d'écologie. On rencontre un nombre croissant de viticulteurs et de fromagers spécialisés dans les produits biologiques ou de bouchers dont la viande provient d'animaux qui paissent librement dans les pâturages.

Le printemps est une excellente saison pour visiter l'Alsace. Les routes ne sont pas encombrées et les bourgeons éclatent sur les ceps bien taillés, tandis que les pousses de ciboulette et de mâche sauvage couvrent le sol à leurs pieds. Les viticulteurs font volontiers goûter leur récente production ; les chefs-cuisiniers abandonnent leurs robustes et caloriques choucroutes et *baeckeoffes* d'hiver pour se lancer dans des recettes qui font un large usage des saveurs plus toniques de l'asperge, de la rhubarbe ou de l'oseille.

Dans la chaleur parfois étouffante de l'été, il est préférable d'éviter les villes touristiques et les villages viticoles pour se réfugier, comme le font les Alsaciens, dans la fraîcheur des Vosges et prendre de grands bols d'air, pratiquer la randonnée avec ardeur ou flâner en cueillant des myrtilles, des mûres et des framboises sauvages avant de faire halte à la table frugale mais succulente de l'une des nombreuses fermes-auberges. En été, les recoins moins connus du nord et du sud de l'Alsace sont aussi agréablement déserts et leurs hôtels et gîtes prêts à accueillir l'éventuel visiteur.

En automne, les teintes des vignobles qui dominent les petits villages font écho à l'ocre et au rouge brique des maisons et des toitures. Les tracteurs et les remorques vont et viennent avec leurs précieux chargements de raisin qui donneront la nouvelle cuvée ; dans les champs, on ramasse les énormes choux ronds et brillants pour confectionner la choucroute nouvelle. L'air se charge des odeurs caractéristiques du moût, des vieux fûts en chêne ou du chou qui fermente. En revanche, ce n'est guère le bon moment pour déguster les vins car les vignerons sont plus occupés à préparer la cuvée prochaine qu'à écouler leur production passée.

Si l'Alsace est belle en toute saison, c'est à Noël qu'elle révèle vraiment sa splendeur. Alors, les skieurs envahissent les douces pentes des Vosges tandis que, dans la vallée, s'illuminent les villages ornés de décors dignes du calendrier de l'Avent. Sur les marchés de Noël, l'animation est à son comble, les gâteaux et les biscuits abondent, et l'on prépare des tonnes de foie gras pour les fêtes.

Une année passe... le "beau jardin" de l'Alsace demeure. Mal connu, ce ruban de terre qui couvre à peine cent cinquante kilomètres de longueur pour trente de largeur regorge de montagnes, de vignobles, de villes et de grands espaces. Avec son climat semi-continental, son éventail impressionnant de villes et de villages médiévaux, de cathédrales gothiques, de musées de renommée mondiale et de maisons polychromes à pans de bois, sans oublier les mets et les vins, l'Alsace est une destination irrésistible pour les vacances. Farouchement française et profondément européenne, germanique par ses traditions culturelles et linguistiques, mais alsacienne avant tout, l'Alsace demeure - selon les termes employés dans une récente campagne pour les vins de la région - l'exception française.

(En haut) Un quartier paisible de Kaysersberg.
(En bas) Vitrine d'une boutique spécialisée dans le foie gras à Strasbourg.
(Page précédente, en haut) Un marché à Noël.
(A gauche) La Fromagerie de Saint Nicolas.
(A droite) La belle Maison Pfister à Colmar.

14 Introduction

(A droite) L'élégant domaine du Bouxhof, à la sortie de Mittelwihr, possède un gîte rural.
(Ci-dessous) Les pics lointains s'échelonnent vers l'ouest, près du col de Fouchy dans les Vosges.
(En bas) Le lait des vaches des Vosges est destiné au célèbre munster (à droite).

Chaque famille possède son petit jardin maraîcher où les pommes de terre, les carottes et les choux disputent l'espace aux diverses salades, courgettes et autres tomates.
(Ci-dessus) Situé près de la cuisine comme il se doit, le potager alimente la maisonnée en légumes tout au long de l'année.
(Ci-dessus à gauche) La fermière récolte les pommes de terre avant de les entreposer à la cave. Les pommes de terre tiennent un rôle important dans la cuisine alsacienne, qu'il s'agisse des variétés fermes et cireuses comme la charlotte, la stella ou la BF15 ou des bintje et urgenta, plus farineuses.
(A gauche) Les maraîchers préparent les légumes pour les emporter au marché.

*(A l'extrême droite) Détail sculpté d'une vieille maison à colombage.
(A droite) Le 6 décembre, on vend des bretzels et des männalas pour fêter la Saint-Nicolas.
(Ci-dessous) A Strasbourg, les belles maisons à colombage de la rue Mercière encadrent la cathédrale gothique construite en grès rose des Vosges entre les XIe et XIVe siècles.*

L'Alsace du Nord

*(En bas) A Noël, la place Kléber, au centre de Strasbourg, accueille un énorme sapin offert et décoré par une association caritative. Le décor change chaque année : ici, on a suspendu des maisonnettes alsaciennes dans les branches.
(Ci-dessous) Véritables pièces de musée, les moules anciens à kougelhopf, en cuivre et céramique, sont très recherchés par les collectionneurs.*

C'EST aux extrémités de l'Alsace que l'on trouve les sites les plus intéressants, et les moins touristiques, de la région. Le visiteur qui traverse les Vosges l'oeil rivé sur Strasbourg prend rarement le temps de se perdre plus à l'ouest et au nord où les forêts profondes alternent avec les riches paysages agricoles et les îlots viticoles. Bordé à l'est par l'Allemagne et à l'ouest par la Lorraine, le nord de l'Alsace est l'image parfaite du Sundgau au sud ; mais alors que le Sundgau regarde vers Mulhouse et Bâle, en Suisse, le nord, pays de chasseurs, de brasseurs de bière, de ramasseurs de champignons et de quelques viticulteurs est tout entier tourné vers Strasbourg.

Notre voyage gastronomique en Alsace débute au coeur du parc naturel régional des Vosges du Nord, à La Petite-Pierre, ancienne bourgade fortifiée qui gardait jadis le col reliant l'Alsace et la Lorraine. Aujourd'hui, la nationale et l'autoroute passent plus au sud, laissant de côté la petite cité perchée sur son éperon rocheux de grès rose émergeant d'une mer d'arbres d'un vert profond. Refuge prisé des randonneurs et des vacanciers, important centre de chasse, La Petite-Pierre possède quelques hôtels chaleureux et un musée où l'on admirera les moules en bois sculpté que l'on utilise pour mouler et décorer les *springerles*.

Ces succulents biscuits que l'on prépare en Alsace à Noël se composent d'une pâte à base de farine, de sucre et d'oeuf fortement parfumée aux graines d'anis. On abaisse la pâte avant de la laisser sécher un peu et de la presser dans les moules en bois ornés de scènes de la Nativité, d'oiseaux, de roses, d'étoiles et autres motifs qui orneront les biscuits. Parfois, on perce un trou dans le bord des biscuits avant de les faire cuire afin de passer un ruban et de les suspendre dans l'arbre de Noël.

Au XVIe siècle, le comte Georges Jean de Veldenz, "Jerri-Hans" pour les habitants de la région, héritait du château, ancienne citadelle régulièrement restaurée depuis le IXe siècle. Outre le fait qu'il laissa son nom, bien malgré lui, au pot-au-feu à l'oie Jerri-Hans, riche version du classique pot-au-feu, ce philanthrope distingué et amateur d'art introduisit dans le nord de l'Alsace l'industrie du verre soufflé. A Meisenthal, la Maison du verre et du cristal présente une exposition sur l'histoire de la fabrication du verre dans la région, tandis que dans l'austère vallon de Saint-Louis-lès-Bitche, la Verrerie royale de Saint-Louis fondée en 1586, et jouissant de la garantie royale de Louis XV depuis 1767, fonctionne toujours.

*(En bas) Fenêtre d'une maison d'Issenhausen, l'un des nombreux jolis villages anciens du pays de Hanau.
(Ci-dessous) La Petite-Pierre est juchée sur un éperon rocheux cerné par d'épaisses forêts vertes où abondent sangliers et chevreuils.
(A droite) A Noël, les belles maisons de Bouxwiller sont gaiement décorées.*

LE PAYS DE HANAU

DEPUIS les vallées verrières, la route serpente doucement à travers les forêts de bouleaux jusqu'à Ingwiller qui abritait autrefois une importante communauté juive. C'est là que commence le pays de Hanau, ancienne seigneurie des comtes de Hanau-Lichtenberg dont la capitale, Bouxwiller, est une ravissante bourgade à maisons à colombage où l'on visitera le musée consacré aux coutumes et traditions de la région. Dans la Grand-Rue, à Noël, la pâtisserie Isenmann ressemble à une image avec sa vitrine garnie de biscuits, de pères Noël en chocolat et autres friandises de saison. Selon la légende, c'est à Bouxwiller que serait né le bretzel. Au Nouvel An, monsieur Isenmann prépare le *neijohrsbretschtall* (bretzel du Nouvel An), version géante et sucrée du bretzel, à base de pâte briochée. Jadis, les enfants offraient ce bretzel à leur parrain et leur marraine pour leur souhaiter une bonne année.

Autre friandise traditionnelle que l'on prépare dans le pays de Hanau pour les mariages et les fêtes, la *hanauer quetschtorte* se compose d'un riche mélange de pruneaux, de compote de pommes et de *schnaps* parfumé à la cannelle ; le tout est cuit sur un fond de pâte feuilletée et décoré d'un treillis de pâte. Le vendredi, monsieur Isenmann est tout

occupé à confectionner d'innombrables *flammekueches*, succulentes tartes typiques des plaines agricoles du nord de l'Alsace, que madame Isenmann emballe pour les nombreux clients qui font patiemment la queue dans la boutique à l'heure du déjeuner.

Dans la même rue, la boucherie-charcuterie Marius propose de la charcuterie maison et des plats préparés, tourtes et tartes, saucisses lorraines fumées à manger crues, ou énormes jambons à l'os bien juteux préparés par monsieur Marius que madame vend tout en offrant mille conseils culinaires. Les pommes, les châtaignes et les noix qui entrent dans la confection des boudins et des délicieuses tourtes d'automne salées au veau, au porc et aux fruits, viennent toutes des vergers et des bois environnants.

Au sud de Bouxwiller, les villages d'Obermodern, Buswiller et Issenhausen, méritent particulièrement le détour pour leurs superbes fermes parfaitement conservées. Les plus belles, qui se distinguent par leur colombage élaboré et leur galerie en étage, sont l'oeuvre des Schini, famille de charpentiers originaires de Suisse qui s'établirent en Alsace au XVIIe siècle lors de la grande vague de repeuplement qui suivit la guerre de Trente ans. Véritables pièces de musée, ces fermes n'en sont pas moins toujours en activité. D'autres, comme la maison Husselstein dans la rue principale de Buswiller, louent des chambres et servent la flammekueche et autres mets simples mais succulents.

(Ci-dessus à gauche) Les Isenmann dans leur pâtisserie et un éventail de leurs produits: (en haut) petits fours; (au centre) bredles (biscuits de Noël); (en bas) pères Noël en chocolat.

Les bretzels

Spécialité alsacienne par excellence, les bretzels sont des petits pains moelleux à la croûte dorée dans laquelle sont enchâssés des grains de sel. Ils sont si indissociables de la boulangerie alsacienne qu'ils en sont devenus l'emblème et un bretzel en fer forgé orne souvent la devanture des boulangeries de la région. Le nom viendrait du latin "bracchium" qui signifie bras ; les entrelacs du bretzel n'évoquent-ils pas des bras croisés reliés à de robustes épaules. L'une des légendes de la naissance du bretzel raconte qu'un boulanger du pays de Hanau fut jeté en prison pour avoir calomnié la concubine du comte de Hanau-Lichtenberg. En échange de sa grâce, le comte le défia de préparer un pain à travers lequel il serait possible de voir trois fois le soleil. Entendant les lamentations du boulanger, un passant arracha un barreau de la prison et le tordit en forme de bretzel. Ravi de pouvoir admirer le soleil par les trois trous ainsi façonnés, le boulanger fit mander le comte pour lui montrer la solution à son énigme, recouvrant ainsi la liberté.

(Ci-dessus à gauche) Le terrible Hans Trapp ou Rüpelz (à droite) punit les enfants qui n'ont pas été sages, tandis que le gentil Cristkindel (à gauche) leur apporte des présents.
(En haut à droite et au centre) Produits locaux. (Ci-dessus) Sélection de bières de Noël.

OUTRE-FORÊT

Au nord de la forêt de Haguenau s'étend une région dénommée Outre-Forêt, "au-delà de la forêt", qui abrite certains des plus jolis villages d'Alsace. Les pimpantes maisons sont chaulées de blanc entre les poutres sombres du colombage, souvent décoré de manière élaborée. Le devant des maisons s'orne de jardins de légumes bien ordonnés où les rangées rectilignes de poireaux, de choux, de céleri et de mâche alternent avec les touffes de soucis, de bourrache et de quelques roses trémières. Dans un coin, on aperçoit souvent une planche de raifort envahissant.

Dans le sud et l'est de la région, à l'orée de la forêt de Haguenau, se dressent deux villages réputés pour leurs potiers. L'énorme terrine soigneusement décorée dans laquelle on sert traditionnellement le *baeckeoffe* a sans doute été tournée à Soufflenheim, tandis que le fameux petit pichet bleu gris qui trône sur les tables a certainement été cuit dans un four de Betschdorf.

Près de la frontière allemande, c'est Wissembourg et les vignobles les plus au nord d'Alsace, probablement les plus anciens. Après la Seconde Guerre mondiale, les viticulteurs locaux fondèrent une cave coopérative rassemblant les producteurs des villages de Cleebourg, Rott, Steinseltz et Oberhoffen. La coopérative produit de stupéfiants pinots auxerrois (variante aromatique de pinot blanc) et pinots gris. Les plus fins proviennent de minuscules terroirs comme Brandhof et Karchweg dont le sol argileux et le climat nordique confèrent au vin une finesse et une élégance particulières.

LA FLAMMEKUECHE

Spécialité de l'Alsace du Nord et du Kochersberg, la flammekueche est une tarte salée qui se compose d'une pâte très fine sur laquelle on étale du fromage blanc enrichi de crème, des oignons émincés et des copeaux de lard. Les meilleures doivent être cuites sur la pierre d'un four à bois, ce qui explique leurs bords carbonisés et leur dessous gris cendré. On sert la tarte flambée chaude, coupée en quatre sur une planche, et chaque convive roule ou plie sa part pour la déguster avec les doigts. Aujourd'hui à la mode, la flammekueche est à l'origine un plat modeste qui était autrefois préparé le jour où l'on faisait cuire le pain. Avec des restes de pâte, quelques ingrédients du jardin et du saloir, les paysannes profitaient de la chaleur du four, combinant l'esprit d'économie tout alsacien et un brin d'imagination pour préparer un mets délicieux. On trouve à présent toutes sortes de versions de la tarte flambée, tant sucrées que salées, mais l'authentique flammekueche, à base d'ingrédients traditionnels cuits au four à bois, possède ses défenseurs en la confrérie de la Véritable Tarte Flambée dont la tâche consiste à veiller à ce que cette excellente galette ne se transforme pas en tarte banale, salée ou sucrée.

Capitale du canton, Wissembourg a conservé son caractère traditionnel et son marché du samedi attire les amateurs de produits locaux tels que les fromages de chèvre de la ferme des Grammes à Lembach ou le pain paysan de monsieur Heil de Wingen. La ville est le centre d'une région touristique bien achalandée en hôtels et chambres d'hôtes.

Vers l'ouest, à l'orée du Parc naturel, Lembach est une étape incontournable, pour l'Auberge du Cheval Blanc mais aussi pour son gibier. Dans la grande rue, monsieur Richert, le boucher que tout le monde ici appelle Dédé, est un chasseur infatigable, célèbre pour ses terrines et ses pâtés de sanglier et de chevreuil prélevés dans les forêts voisines. Il prépare également le *grumbeerewurscht*, saucisse à base de porc salé, de pommes de terre et autres légumes, qu'il suffit d'arroser d'huile avant de la passer une demi-heure au four pour la servir en tranches avec une salade bien relevée.

En hiver, la route qui conduit à Strasbourg à travers la majestueuse forêt de Brumath offre un spectacle enchanteur tandis que les rameaux de bouleau drapés de gelée blanche scintillent dans le soleil hivernal sous un ciel bleu cristallin. Brumath doit sa notoriété à la foire d'automne aux oignons. Au printemps, on poussera jusqu'au village voisin de Hoerdt pour se gaver d'asperges. Introduite par les Romains dans l'excellent sol sablonneux de la vallée du Rhin, la culture de l'asperge atteignit son apogée vers la fin du siècle dernier, lorsque le pasteur de Hoerdt encouragea ses pauvres paroissiens à planter le légume pour en tirer profit.

L'Alsace du Nord 23

LA CHASSE

En Alsace, la chasse obéit à des lois draconiennes qui lui sont propres et datent de l'annexion de la province à la Prusse en 1871, sévérité qui explique peut-être la quantité de gibier qui hante encore la région. Sanglier, chevreuil et cerf, faisan, perdrix et lièvre abondent, en effet, dans les bois et les plaines. La chasse au sanglier ouvre en avril, ou par décret spécial lorsque les bêtes font trop de ravages: lorsqu'ils cherchent de la nourriture, les sangliers soulèvent de vastes étendues de terre arable et de gazon, au grand dam des fermiers et des golfeurs! L'ouverture du chevreuil se situe au mois de juin. Pour chasser, il faut un permis de chasser et un droit de chasse territorial. Les communes ou les propriétaires de biens fonciers louent ce droit, aux enchères, aux sociétés de chasse qui disposent du bail pour neuf ans. En Alsace, on chasse à l'affût, seul, perché sur un mirador au coeur de la forêt ou, en compagnie, en battue. Les "fusils" se postent sur le pourtour d'un territoire défini tandis que les traqueurs et leurs chiens débusquent le gibier. Pour tous, le déjeuner constitue un moment fort de la journée. Les chasseurs allument le feu dans une clairière et se rafraîchissent avec un verre, tandis que dans le chaudron, mijote la soupe qu'ils dégusteront avec de belles tranches de pain de campagne. Certains embrochent des saucisses ou de beaux morceaux de lard sur leur énorme couteau pour les faire griller. Parfois, un petit groupe de musiciens du coin entonne un air de chasse au cor et les anciens se joignent au chant. En fin de journée, on dispose les trophées sur un lit de branches de pin pour composer le tableau de chasse.

(A gauche) Sur la place de la Cathédrale, la Maison Kammerzell qui abrite aujourd'hui un hôtel-restaurant fut bâtie au XVIe siècle par un riche marchand de fromages.
(Ci-dessous) Lèche-vitrine à Strasbourg.

(Ci-dessus) L'heure du dîner dans l'une des winstubs les plus célèbres de Strasbourg, s'Burjerstuewel, ou chez Yvonne.
(A gauche) Un bel étalage de cochonailles à La Charcuterie Alsacienne.
(A droite) L'Ill longe paisiblement La Petite France, au coeur de la ville.

Strasbourg

Christiane Bisch
La cuisinière du Bas-Rhin

En raison de sa renommée gastronomique et de sa population cosmopolite, Strasbourg est le lieu idéal pour une école de cuisine. En 1982, Christiane Bisch se lança dans une seconde carrière en offrant des cours de cuisine sans prétention. Convaincue que manger, et cuisiner, doit être un plaisir, cette autodidacte n'hésita pas à endosser son tablier pour aller aiguiser ses talents dans les cuisines de certains des plus grands chefs de Strasbourg et d'Alsace du Nord. Dans sa cuisine, les groupes de six à douze élèves se pressent autour du plan de travail pour l'observer et l'aider à concocter le menu qu'ils ont choisi. Les mets, de saison, sont simples mais raffinés, et l'on privilégie les plats qui peuvent être préparés à l'avance. Malgré son passage chez les plus grands noms, Christiane rejette toute velléité de reproduire à la maison la cuisine des grands restaurants : "Nous n'avons ni les fours, ni l'espace ou l'aide nécessaires; et les préparations de dernière minute ne sont certainement pas faites pour ceux qui reçoivent chez eux." A Noël, les élèves préparent le foie gras et célèbrent la fin de l'année par un dîner dans le restaurant de leur choix.

Capitale de l'Alsace, Strasbourg est célèbre pour sa cathédrale gigantesque, son Parlement, ses boutiques et ses restaurants, ses superbes musées et son marché de Noël. Dans la partie sud-ouest de la ville, l'Ill encercle de ses deux bras le coeur historique de la ville avant d'aller se jeter dans le Rhin. C'est à cet endroit, inscrit par l'Unesco sur la liste du patrimoine mondial, que sont rassemblés certains des édifices les plus spectaculaires et les mieux conservés de la ville. Le nom de bien des ruelles et des petites places, avec leurs magnifiques maisons médiévales à pans de bois ou leurs élégants hôtels Renaissance, évoquent un âge d'or où les fermiers, les pêcheurs et les viticulteurs affluaient sur l'un des nombreux marchés pour vendre leurs produits : rue du Vieux-Marché-aux-Poissons, place du Marché-aux-Cochons-de-Lait, rue du Vieux-Marché-aux-Vins.

A présent, les marchés de gros ont été refoulés vers des sites moins pittoresques dans les faubourgs de la ville ; les rues ont été fermées à la circulation et rénovées à grand renfort de pavés en mosaïque ; de grands parcs de stationnement souterrains accueillent les automobilistes et un tram conduit les habitants des banlieues sud dans ce coeur de Strasbourg où il fait bon flâner. Quel plaisir, en effet, de s'enfoncer dans le labyrinthe de ruelles pour s'arrêter devant la vitrine appétissante d'un marchand de foie gras ou d'une charcuterie, ou acheter un pain blanc et croquant, une miche sombre et compacte, des vins fins ou de somptueux chocolats !

A Noël, le spectacle est à son comble. Rues, maisons, restaurants et boutiques sont décorés avec un goût exquis et la place Kléber s'orne d'un spectaculaire sapin de Noël. La tradition du sapin n'est-elle pas née en Alsace ? Dès le début du mois de décembre, le *christkindelsmärik* ("marché de Noël") envahit la place de Broglie et les abords de la place de la Cathédrale. Au cours des siècles, le marché a changé plusieurs fois de place, mais l'esprit est resté le même : les petites échoppes illuminées à bâtière à deux pans vendent des bougies, des biscuits et toutes sortes de babioles pour décorer les sapins que l'on achètera à deux pas. L'air se charge des vapeurs du vin chaud tandis que la fumée des grands brasiers de marrons chauds forme des spirales dans le ciel étoilé. Pour parachever le tableau, quelques flocons de neige s'éparpillent çà et là, adoucissant le brouhaha de la foule de Noël.

Ville de gourmets, Strasbourg semble faite pour eux. Dans la rue des Orfèvres, la boucherie Friek-Lutz, maison fort ancienne qui se distingue par sa devanture surannée, est renommée pour son foie gras et ses viandes séchées. Pour les fêtes, tous les bons bouchers proposent des foies frais d'oie et de canard pour confectionner la terrine de foie gras ou le foie gras poêlé que l'on sert en entrée avec des quartiers de pomme sautés. Ceux qui n'ont ni le temps ni envie de cuisiner se tourneront vers les foies en terrine de Jean Lutz, spécialiste du foie gras de la rue du Chaudron voisine.

On trouve plus rarement désormais le classique pâté de foie gras en croûte, foie gras entier entouré de farce, le tout enveloppé de pâte qui est peut-être l'un des plats strasbourgeois les plus célèbres. Ce pâté fut créé à Strasbourg en 1780 par Jean-Pierre

Clause, cuisinier du marquis de Contades, gouverneur d'Alsace. Sans doute las du régime alsacien, le marquis défia Clause d'inventer un plat nouveau et original ; le cuisinier répondit par une recette qui ravit le marquis au point que celui-ci n'hésita pas à le faire goûter à Louis XVI, et se vit octroyer une terre en Picardie. Pour sa part, Clause reçut vingt pistoles, épousa la veuve d'un pâtissier et s'établit en ville pour consacrer le reste de son existence à préparer les fameux pâtés.

Burgard, également dans la rue des Orfèvres, vend d'excellents bretzels, natures ou fourrés de l'une des six garnitures proposées, à déguster chauds ou dans les heures qui suivent (les bretzels sèchent vite). Avec la même pâte, on prépare également des moricettes, boudins de pâte plus épais et plus allongés et, partant, plus faciles à manger et qui sèchent moins vite.

Toujours dans la rue des Orfèvres, la pâtisserie Naegel offre un grand choix de gâteaux, tartes, bavarois et bombes glacées, ainsi que quelques étonnants pâtés en croûte. A Noël, elle se spécialise dans les nombreuses friandises de saison. Le cortège s'ouvre le 6 décembre avec les *männalas* ("petits hommes"), petits pains tout simples, légèrement sucrés, à base de pâte briochée piquée de baies pour les yeux, que l'on confectionne en souvenir de saint Nicolas, le patron des enfants.

Viennent ensuite les *lebkuchens*, pains d'épices de formes diverses souvent ornés de l'image de saint Nicolas ou de Hansel et Gretel (symboles de fertilité en Alsace) en sucre glace; puis les *biraweckas* ou *beraweckes*, petits boudins compacts de pruneaux, de raisins secs, de poires, de figues, de pommes, d'abricots séchés et de fruits secs, délicieux en tranches fines avec du fromage. Les *schnitzweckes* de la vallée de Munster comportent également des fruits séchés (schnitze) et des fruits secs, mais ils sont enveloppés de pâte briochée et cuits. Les *christstolles* allemands ont traversé la frontière et sont à présent fort appréciés dans le nord de l'Alsace. Plus comparables à des gâteaux que les compacts biraweckas, ils se composent de fruits séchés dispersés dans une génoise légère que l'on roule dans le sucre glace après la cuisson.

Le chocolatier Christian possède deux belles boutiques dans le centre, l'une située dans une bâtisse étonnante décorée d'un trompe-l'oeil, l'autre dans la rue Mercière qui conduit à la cathédrale. La pâtisserie Mulhaupt, dans la rue du Vieux-Marché-aux-Poissons, propose d'excellentes pâtisseries et desserts. Les bonnes boulangeries abondent, mais Scholler, sur la place de Broglie, et Woerlé, dans la rue de la Division Leclerc, se spécialisent dans les nombreux pains noirs qui distinguent les boulangers alsaciens de leurs confrères du reste de la France. Enfin, le meilleur fromage de la ville vient peut-être de chez Blondeau qui vend ses succulents saint-marcellin, munster et comté à l'étal de La Fromagère sur les marchés de Strasbourg.

La ville est réputée pour ses restaurants, notamment pour ses établissements deux étoiles Michelin tels que Le Crocodile d'Emile Jung et Le Buerehiesel d'Antoine Westermann, mais c'est dans les winstubs que bat le cœur de la gastronomie strasbourgeoise. Ces petits débits de vin étaient à l'origine détenus par des viticulteurs qui y écoulaient leur production. A présent, souvent classés monuments historiques, ils appartiennent généralement à la commune qui les loue à de dynamiques chefs.

(A gauche) Sélection de springerles, biscuits à l'anis ornés de motifs élaborés.
(A droite) Décoration luxuriante chez un fleuriste de Strasbourg.
(Ci-dessous) Décorations de Noël dans les rues et sur les places de Strasbourg.

(A l'extrême droite) A Noël, devanture imitant la maison de pain d'épice du conte de Hansel et Gretel. (A droite) Les bredles ou bredeles sont confectionnés à Noël dans toute la région du Rhin. Autrefois, on goûtait les premiers le dimanche de l'Avent et l'on gardait les autres jusqu'à Noël, parfois suspendus dans le sapin. Aujourd'hui, on les offre aux visiteurs à tout moment de la fin novembre bien au-delà du 25 décembre.

(En bas et ci-dessous) En Alsace du Nord, notamment dans les riches plaines du Kochersberg, les pieds de houblon grimpant sur leurs treillis de fil de fer constituent un été un spectacle courant. En Alsace, le brassage de la bière a conservé une certaine importance et bien que la majeure partie de l'orge nécessaire au maltage soit importée, on cultive toujours le houblon sur place pour parfumer les excellentes bières qui ont fait la réputation de la région.

La plupart portent des noms imprononçables comme s'Burjerstuewel et s'Munsterstuewel ; d'autres s'appellent plus simplement Le Clou, mais on y prépare des mets simples et délicieux.

A Strasbourg, une visite chez s'Burjerstuewel (alias chez Yvonne, du nom de la patronne) s'impose. Lorsqu'on pousse la porte pour se frayer un chemin entre les plis du lourd rideau de velours destiné à écarter la bise glaciale en hiver, on est aussitôt enveloppé par la chaleur et le confort, et les parfums appétissants de la chère. L'atmosphère y est détendue et amicale, la compagnie mélangée et le menu typiquement alsacien : foie gras, choucroute, jambon en croûte, tarte à l'oignon...

Et quoi de plus approprié dans une ville liée aux arts de la table que d'y trouver une famille de faïenciers. Peu connus malgré leur talent, les Hannong s'établirent à Strasbourg au XVIIIe siècle. Aujourd'hui, le musée des Arts décoratifs, dans le palais Rohan sur la place de la Cathédrale, abrite une magnifique collection de porcelaines et de faïences. Les pièces les plus anciennes, réalisées par Charles-François Hannong, sont d'une élégance simple en bleu et blanc ; utilisant la couleur et les motifs de manière plus audacieuse, le fils Paul créa des modèles plus originaux tels que les terrines en forme de dindon, de coq de bruyère et autres animaux ; enfin, passé maître dans l'art de la fabrication de porcelaine, le petit-fils Joseph signa de somptueux services de table.

LE KOCHERSBERG

AU nord-ouest de Strasbourg s'étend "le grenier à blé de l'Alsace", riche terre agricole du Kochersberg où les treillis à houblon dressent leurs silhouettes nues en hiver, tandis qu'en été, le tabac, le blé, l'orge, le maïs et la betterave sucrière prolifèrent dans le sol fertile. Les nombreuses et belles fermes des XVIIe et XVIIIe siècles témoignent du rôle important tient depuis toujours, et de l'opulence que celle-ci a engendrée au cours des siècles, dans cette partie de l'Alsace. Ici, la pratique de la primogéniture (inhabituelle pour la France où la loi veut que l'on divise équitablement l'héritage) a permis que ces superbes domaines soient transmis tels quels de génération en génération. A la fin du siècle dernier, le Kochersberg fut relié à Strasbourg par tramway : les citadins oisifs venaient découvrir la chère des auberges de campagne, tandis que les fermiers et leurs épouses voyageaient par tram pour emporter leurs produits au marché de Strasbourg et prenaient le temps d'échanger les derniers potins par-dessus un verre de vin dans les winstubs de la cité.

Le dimanche après-midi, à Truchtersheim, grand centre de la région, la Maison du Kochersberg ouvre ses portes sur une exposition des coutumes, de l'histoire et des traditions de ce pays agricole. Presque tous les noms de villages semblent finir par "-heim", suffixe qui indique l'origine franque : Quatzenheim, Willgottheim, Ittenheim, Wintzenheim et Kuttolsheim, pour ne citer que les principaux qui offrent d'imposants ensembles de bâtiments de ferme. Sur le versant nord du Kochersberg, on poussera jusqu'à Hochfelden pour visiter la brasserie Meteor dirigée par la famille Haag.

La bière

Bien que de nombreuses petites brasseries alsaciennes aient été avalées par les gros conglomérats, certaines sont restées farouchement indépendantes. C'est le cas de Meteor, à Hochfelden, brasserie alsacienne dirigée par la famille Haag. En 1994, Meteor a reçu le titre de Site remarquable du goût, récompense décernée par le Conseil national des Arts culinaires aux entreprises qui produisent et vendent une spécialité culinaire dans un site présentant un intérêt historique et esthétique et ouvert au public. La bière la plus célèbre de la brasserie, la Meteor Pils, est une bière non pasteurisée vendue aussi bien en bouteilles qu'à la pression. La bière Ackerland, baptisée en l'honneur d'une terre particulièrement luxuriante de la plaine du Kochersberg voisine, existe en version brune et blonde. La Zorn Vals est peu alcoolisée, tandis que la Klint est sans alcool. La Mortimer, une "pur malt", est la bière des amateurs : foncée, forte (huit pour cent d'alcool) et très maltée, elle est vendue en fût pour être tirée à la pression, ou en bouteilles d'un quart de litre avec son petit gobelet de dégustation. A Noël, Meteor brasse la bière de Noël, légèrement plus foncée que la bière normale et, en 1994, discrètement parfumée à l'orange... un régal !

(A droite et ci-dessous à droite) Les énormes choux cabus, cultivés de manière intensive dans toute l'Alsace, sont destinés aux choucrouteries où ils seront coupés en lanières et salés pour la choucroute.
(Ci-dessous et en bas) L'époque de la cueillette des choux coïncide avec celle des noix. Les auberges locales les servent avec du lard paysan, lard fumé très foncé, accompagné d'un verre de neia siassa, vin nouveau dont la fermentation n'est pas achevée.

LE RAIFORT

Le raifort est à certains plats alsaciens ce que les cornichons sont au jambon. Originaire d'Europe de l'Est, il est désormais considéré comme le condiment alsacien par excellence. Quelques intrépides préparent encore la sauce en râpant les racines prélevées dans leur propre jardin, mais il est bien plus facile de s'adresser à Raifalsa, petite entreprise familiale de Mietisheim, près de Haguenau.
Condiment indispensable du pot-au-feu à l'alsacienne, le raifort accompagne bien toutes les viandes et les poissons fumés ou le gibier. Dans les winstubs, certains plats sont servis avec deux sortes de sauce au raifort : chaude, à base de béchamel, ou froide, à base de raifort râpé enrichi de crème et de jus de citron. Certains des grands chefs alsaciens ont même créé d'exquises sauces enrichies de crème fouettée où les fonds de poisson ou de viande parfumés viennent tempérer l'acidité de la rustique racine.

LE PAYS DU CHOU

Le pays du chou s'étend au sud de Strasbourg avec les villes de Krautergersheim et Geispolsheim. En automne, les tracteurs apportent leurs énormes chargements de choux lisses et blancs aux choucrouteries où on les prépare avant de les vendre pour confectionner la choucroute garnie. Alors, la saison de ce robuste plat d'hiver s'ouvre avec la fête de la Choucroute : on dresse des tables à tréteaux sur le trottoir et l'on apporte d'impressionnantes quantités de choucroute fumante, surmontée de saucisses, de tranches de porc fumé et de pommes de terre bouillies par chariots entiers. On déguste également la choucroute chez Philippe, au Restaurant Schadt de Blaesheim, dont le chef-patron Philippe Schadt, champion de la choucroute, a créé une route de la Choucroute. Après Blaesheim, les choux cèdent la place aux vignes et à la route des Vins.

La choucroute

Si les étrangers - et ici le mot désigne aussi les Français de "l'intérieur" - tentent de prononcer le mot alsacien pour choucroute, "sürkrüt" (dont la prononciation correcte est "suerkruit"),
ils diront sans doute naturellement choucroute. Le mot, qui vient de chou (krüt) et aigre (sür), désigne tant le chou lui-même que le plat généreusement garni de saucisses, de viandes fumées, de pommes de terre et parfois de quenelles de foie. Pour obtenir la choucroute, on coupe les feuilles de chou en lanières avant de les ensiler dans des cuves, de les saler et de les laisser fermenter pendant trois à quatre semaines. L'action du sel sur les sucres du chou produit naturellement de grandes quantités d'acide lactique qui sert de conservateur, ce qui permet de garder la choucroute pendant plusieurs mois sans qu'elle s'abîme. Quelques familles préparent encore leur propre choucroute dans des barriques installées à demeure, à la cave, mais la plupart des Alsaciens préfèrent acheter la choucroute fermentée (mais encore crue) chez le boucher-charcutier.

Restaurant Buerehiesel

STRASBOURG, 67000, TEL 88 61 62 24

Initialement située à Molsheim, la ferme du XVIIe siècle fut déplacée pierre par pierre et rebâtie au coeur d'un parc de Strasbourg lors de l'Exposition de 1895. A présent, dans ce quartier résidentiel proche du palais de l'Europe, la ferme abrite le Buerehiesel ("ferme" en dialecte local), récente entrée alsacienne dans la catégorie des restaurants trois étoiles. En été, on prend l'apéritif à l'ombre des arbres centenaires avant de monter à l'étage où madame Westermann accueille les convives. La salle à manger est précédée de plusieurs salons et la véranda qui paraît flotter au-dessus de la cour s'intègre parfaitement à l'architecture. Le secret de la cuisine d'Antoine Westermann, d'une simplicité trompeuse, réside dans l'emploi des meilleurs ingrédients préparés avec un soin exquis.

Asperges d'Alsace et roquette en vinaigrette au foie gras

(Photographiées à gauche)

Heureux mariage de deux des produits les plus fins de l'Alsace, les asperges et le foie gras, cette entrée est relevée de quelques feuilles de roquette.

POUR 4 PERSONNES
1 foie gras de canard de 400 g environ
24 pointes d'asperge, vertes ou blanches, pas plus épaisses que l'index
100 ml de bouillon de volaille
1 cuillerée à café de vinaigre de vin blanc
feuilles de roquette pour la garniture
sel et poivre noir du moulin

A la pointe du couteau, ôter les veines et les membranes verdâtres du foie sans trop le manipuler pour éviter qu'il ne se défasse. Détailler en 4 aiguillettes. Réserver au réfrigérateur.

Parer et faire cuire les pointes d'asperge 10 minutes dans l'eau bouillante pour les attendrir légèrement. Réserver hors du feu dans l'eau chaude.

A feu vif, faire chauffer une poêle anti-adhésive (le foie est naturellement gras). Saler et poivrer les tranches de foie et les faire raidir 1 minute de chaque côté dans la poêle. Réserver au chaud. Pour le jus: déglacer la poêle avec le bouillon et le vinaigre. Saler et poivrer. Filtrer le jus au chinois et rectifier l'assaisonnement.

Egoutter et couper les pointes d'asperge en deux dans le sens de la longueur. Disposer les asperges en éventail sur les assiettes individuelles. Poser une tranche de foie gras par-dessus et arroser les asperges de jus filtré. Garnir de feuilles de roquette pour relever le tout d'une note poivrée.

Fine tartelette à la rhubarbe, confiture de fraise

(Photographiée à droite)

Ici, Antoine Westermann interprète à sa manière un des desserts favoris des Alsaciens en portions personnalisées. L'ensemble associe le croquant de la rhubarbe et du caramel et la fluidité de la crème.

POUR 4 PERSONNES
400 g de rhubarbe
50 g de sucre semoule

POUR LES FONDS DE TARTE EN PÂTE SABLÉE
250 g de farine de blé
125 g de sucre semoule
125 g de beurre doux en parcelles
1 oeuf légèrement battu

POUR LA CRÈME BRÛLÉE
2 jaunes d'oeuf
30 g de sucre semoule
175 ml de crème fleurette
1/2 gousse de vanille fendue ou 1 cuillerée à café d'extrait de vanille

POUR LA CONFITURE DE FRAISES
300 g de fraises équeutées et lavées
60 g de sucre semoule
25 g de beurre doux pour la rhubarbe
4 cuillerées à soupe de sucre brun pour caraméliser la crème brûlée

Parer et couper la rhubarbe en dés de 1 cm. Dans une jatte, mélanger la rhubarbe et le sucre et laisser reposer au moins 4 heures au réfrigérateur.

Pour la pâte : mélanger la farine et le sucre dans une jatte. Ajouter le beurre et malaxer pour bien émietter le tout. Incorporer l'oeuf et 1 à 2 cuillerées à soupe d'eau pour obtenir une pâte souple. Envelopper la pâte dans du plastique alimentaire et réserver au frais. Préchauffer le four à 150°C (thermostat 2).

Pour la crème brûlée : beurrer un moule à soufflé de 6 cm de hauteur et de 12 cm de diamètre. Fouetter les jaunes d'oeuf et le sucre en mousse onctueuse. Gratter les graines de la gousse de vanille. Faire chauffer la crème et les graines de vanille (ou l'extrait) jusqu'au point d'ébullition. Jeter la crème bouillante sur les oeufs battus en remuant vivement. Verser le tout dans le moule et couvrir de papier d'aluminium. Poser le moule dans un plat plus grand et ajouter de l'eau jusqu'aux deux-tiers du moule. Mettre le bain-marie à four chaud et faire cuire 40 à 45 minutes. Laisser refroidir et réserver au frais.

Augmenter le four à 180°C (thermostat 4). Diviser la pâte en 2 (surgeler la moitié pour un autre dessert). Abaisser la moitié en un disque de 3 mm d'épaisseur. Poser l'abaisse sur la tôle chemisée de papier sulfurisé et mettre à dorer 10 minutes au four. Découper l'abaisse chaude en 4 disques de 8 cm de diamètre. Laisser refroidir sur grille.

Faire cuire les fraises et le sucre 30 minutes en remuant de temps à autre à la cuiller en bois. Laisser refroidir et réduire en purée fluide (si nécessaire, allonger avec un peu d'eau). Réserver dans un pichet au frais. Juste avant de servir, préchauffer le gril au maximum. Faire fondre le beurre, égoutter et faire dorer les dés de rhubarbe 4 à 5 minutes dans le beurre en remuant. Poser les fonds de tarte dans 4 plats à gratin de 8 cm de diamètre et de 2 à 3 cm de hauteur. Répartir la rhubarbe sur les fonds de tarte et napper de crème brûlée en lissant le dessus. Saupoudrer généreusement de sucre brun et faire dorer sous le gril. Servir les tartes avec de la confiture de fraises et des boules de glace à la vanille.

AUBERGE DU CHEVAL BLANC

67510 LEMBACH, TÉL. 88 94 41 86

Au temps où Lembach était une halte sur la route Napoléon, entre Gap et Paris, le Cheval Blanc était un relais de poste. Propriété de la famille Mischler depuis 1909, il est à présent dirigé par Fernand (arrière petit-fils du premier propriétaire) et Anne-Marie, son épouse, qui ont obtenu la première étoile Michelin en 1968, la deuxième en 1990. La grande demeure chaleureuse en grès rose des Vosges est ornée de vitraux, de grosses poutres en chêne, de luxueux rideaux en velours et d'une énorme cheminée. Produits locaux, gibier et champignons en automne, quelques touches de cuisine alsacienne traditionnelle, sauces onctueuses et parfumées, gâteaux dignes des goûters d'antan... tels sont les points forts de la cuisine de Fernand Mischler.

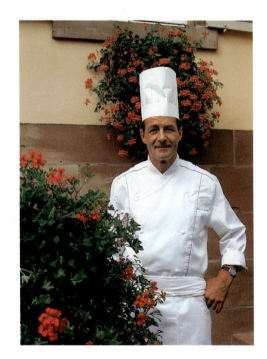

Fricassée de champignons des bois

(Photographiée page précédente)

Fernand Mischler prépare sa fricassée avec des cèpes, des chanterelles et des trompettes des morts pour la servir en entrée dans des assiettes à soupe ou pour accompagner le râble de lièvre au raifort.

*POUR 4 PERSONNES EN ENTRÉE
6 À 8 EN ACCOMPAGNEMENT
1 kg de champignons sauvages en saison
1 cuillerée à soupe d'huile d'arachide
55 g de beurre
2 échalotes hachées fin
250 ml de crème fraîche
fines herbes hachées à volonté: cerfeuil, ciboulette et persil simple
sel et poivre noir du moulin*

Sans mélanger les espèces, parer et laver les champignons ; les émincer ou les couper en 4 selon leur taille. Dans un peu d'huile, faire dorer les champignons 5 minutes, toujours sans mélanger les espèces. Augmenter le feu et faire évaporer le jus. Egoutter et réserver. Faire cuire tous les champignons en ajoutant de l'huile si nécessaire.
Faire fondre le beurre dans une casserole et ajouter les échalotes pour les faire suer sans les laisser prendre couleur. Ajouter tous les champignons et laisser mijoter 10 minutes. Ajouter la crème et faire réduire en sirop à feu doux. Saler et poivrer. Saupoudrer avec les herbes et servir dans les assiettes à soupe chaudes.

Râble de lièvre au raifort

(Photographié ci-dessus)

Simple et délicieux, ce plat marie tous les parfums de l'Alsace du Nord. La sauce est également parfaite pour le pigeon ou la caille.

*POUR 4 PERSONNES
1 râble de lièvre de 700 à 800 g
50 g de lardons
3 échalotes hachées fin
1 carotte émincée
1 brin de thym
1 feuille de laurier
1 brin de romarin
quelques brins de persil
1 cuillerée à soupe d'huile
1 demi jus de citron
50 g de beurre clarifié (ou 2 cuillerées à soupe d'huile)
2 cuillerées à soupe de cognac
200 ml de crème fleurette
2 cuillerées à soupe de sauce au raifort
sel et poivre noir du moulin*

Parer le râble en ôtant les membranes. Pratiquer des incisions sur toute la surface et garnir les fentes de lardons. Saler, poivrer et mettre le râble dans le plat à rôtir avec l'échalote, la carotte, les herbes, l'huile et le citron. Laisser mariner plusieurs heures.
Préchauffer le four à 200°C (thermostat 6). Essuyer le râble (laisser les légumes dans le plat à rôtir) avant de l'enduire de beurre clarifié ou d'huile et de le reposer sur les légumes. Mettre à rôtir 12 à 15 minutes (la chair doit rester rosée). Oter le râble du plat et réserver au chaud. Jeter les légumes.
Pour la sauce : dégraisser le jus de cuisson et déglacer le plat avec le cognac et la crème en amenant à ébullition. Ajouter le raifort et faire réduire en sirop à feu vif. Rectifier l'assaisonnement. Présenter le râble en tranches fines avec la sauce, des spätzles et une fricassée de champignons.

Soupe aux pois cassés

POUR 4 PERSONNES
250 g de pois cassés
1 oignons grossièrement haché
2 gousses d'ail pelées
1 bouquet garni
2 carottes émincées
2 belles pommes de terre en cubes
250 ml de lait
100 g de lardons pour servir
sel et poivre noir du moulin

Mettre les pois dans une grande casserole avec 2 l d'eau, l'oignon, l'ail et le bouquet garni. Amener à ébullition et laisser mijoter 1 heure ½ pour bien attendrir les pois. Saler et poivrer. Ajouter les carottes et les pommes de terre et faire mijoter encore 20 à 30 minutes. Jeter le bouquet garni, ajouter le lait et bien mélanger au robot pour obtenir une soupe lisse.
Faire dorer les lardons à la poêle pour qu'ils rendent leur gras et les incorporer dans la soupe juste avant de servir.

Foie gras en terrine

POUR 4 À 6 PERSONNES
800 g de foie gras d'oie ou de canard à la sortie du réfrigérateur
2 cuillerées à café de sel
½ cuillerée à café de poivre blanc
½ cuillerée à café de quatre épices

Parer le foie et séparer les lobes. A la pointe du couteau, pratiquer des incisions sur la longueur de chaque lobe pour faire apparaître les veines et les ôter sans briser les lobes. Dans un bol, mélanger le sel, le poivre et les épices. Frotter les lobes avec ce mélange. Couvrir et laisser reposer 12 heures au réfrigérateur.
Préchauffer le four à 110°C (thermostat 1). Poser le foie dans une terrine juste assez grande pour le contenir en tassant bien. Couvrir avec 2 feuilles de papier d'aluminium et le couvercle. Disposer plusieurs feuilles de papier journal dans un plat à rôtir et placer la terrine par-dessus. Verser de l'eau chaude, mais pas bouillante, jusqu'à 2 cm du bord de la terrine. Avec le thermomètre, vérifier que la température est bien de 70°C (sinon, réchauffer à feu modéré sur le dessus de la cuisinière).
Mettre le foie gras 30 à 35 minutes à four doux en vérifiant de temps à autre que la température de l'eau reste à 70°C (régler la température du four si nécessaire). Oter la terrine du four et découvrir. Enfoncer le doigt jusqu'au fond de la terrine : le foie doit être à peine chaud et légèrement fondu dessus (la surface doit présenter quelques traces de sang). Remettre le couvercle et laisser refroidir. Laisser reposer au moins 48 heures et jusqu'à 4 à 5 jours au réfrigérateur avant de servir.

Ragoût de lentilles au haddock et au raifort

(Photographié page suivante)

POUR 3 PERSONNES
1 oignon ou 1 échalote hachée fin
1 cuillerée à soupe d'huile ou de lard gras
200 g de lentilles vertes
zeste et jus d'un demi citron
3 à 4 cuillerées à soupe de crème fraîche
2 cuillerées à soupe de sauce au raifort (ou plus selon les goûts)
300 g de haddock fumé
lait pour couvrir le poisson
sel et poivre noir du moulin
crème sûre ou fromage blanc pour servir
ciboulette hachée pour servir

Dans une casserole, faire suer l'oignon dans l'huile ou le lard sans laisser roussir. Rincer les lentilles à l'eau claire, les égoutter et les mettre dans la casserole. Ajouter le zeste et le jus de citron, 500 ml d'eau, le poivre et laisser mijoter 40 minutes. Mélanger la crème et le raifort et incorporer le tout aux lentilles. Saler.
Mettre le haddock dans une poêle anti-adhésive, couvrir de lait et poivrer. Laisser mijoter 6 à 7 minutes. Jeter le lait, émietter et incorporer le haddock aux lentilles. Faire mijoter quelques minutes pour réchauffer le poisson et infuser les parfums. Rectifier l'assaisonnement. Servir dans des assiettes à soupe avec une volute de crème sûre ou de fromage blanc et une pointe de ciboulette.

GRUMBEEREHIECHLE AU CHÈVRE CHAUD

(Photographié page précédente)

Dans le nord de l'Alsace, on appelle les pommes de terre *grumbeere* (de grund-beere ou "baies du sol") ; *kiechle* vient de küchle ("petits gâteaux"). On sert les galettes de pomme de terre au souper avec de la sauce aux pommes, une salade verte ou des concombres. Ici, je les ai associées au chèvre grillé pour une délicieuse entrée ou un plat léger. On peut remplacer le chèvre par des petits munsters de Siffert à Rosheim. Les galettes sont également excellentes avec de la viande ou du poisson fumés : faites mariner des lanières de saumon fumé dans l'huile d'olive avec du jus de citron et des émincés de vert d'oignon nouveau.

POUR 6 PERSONNES
1 kg de pommes de terre bien fermes
1 oignon ou 2 oignons nouveaux hachés fin
2 cuillerées à soupe de persil haché
2 oeufs entiers battus
1 cuillerée à soupe de farine de blé
½ à 1 cuillerée à soupe d'huile
6 fromages de chèvre (de 55 g chaque)
ou 6 mini-munsters
salade verte assaisonnée en saison
sel et poivre noir du moulin

Peler et râper les pommes de terre dans une jatte. Saler et poivrer. Mélanger l'oignon, le persil, les oeufs et la farine et incorporer le tout aux pommes de terre. Laisser reposer 20 minutes (les pommes de terre rendront un peu de jus).
Faire chauffer l'huile pour napper le fond d'une poêle anti-adhésive. Pour chaque galette : à l'écumoire, prélever environ 1 cuillerée à soupe de mélange en appuyant légèrement pour extraire le jus. Faire dorer les galettes de chaque côté 4 par 4 dans l'huile chaude. Egoutter sur du papier absorbant. Faire dorer ainsi 12 galettes en ajoutant de l'huile si nécessaire pour napper la poêle.
Préchauffer le gril à feu vif. Poser les galettes sur la tôle de cuisson. Couper les chèvres en 2 pour obtenir 12 disques et poser un disque sur chaque galette. Mettre le fromage à fondre 2 minutes sous le gril. Servir 2 galettes par personne sur une chiffonnade de salade.

TIMBALES DE CHOUCROUTE

Ces timbales très goûteuses permettent d'utiliser les restes de choucroute d'une autre recette. Garnies de jambon ou de poisson fumé, elles accompagnent bien un jambon ou un plat de poisson, mais on peut les servir telles quelles avec une sauce au vin blanc.

POUR 4 TIMBALES
100 g de choucroute cuite
2 oeufs entiers
200 ml de crème fraîche
50 g de jambon (cru ou cuit) ou 50 g de truite ou de saumon fumé, haché fin
sel et poivre noir du moulin

Préchauffer le four à 180°C (thermostat 4). Mettre la choucroute dans le robot avec les oeufs, le sel, le poivre, la crème et le jambon ou le poisson fumé. Faire tourner le robot pour mélanger grossièrement le tout. Répartir le mélange dans 4 ramequins beurrés. Mettre les ramequins dans un plat à rôtir et ajouter de l'eau bouillante jusqu'aux deux-tiers des ramequins. Mettre à dorer 35 à 40 minutes au four. Oter du four, passer la lame du couteau le long du bord des ramequins et démouler les timbales.

GRATIN DE POIREAUX ET DE POMMES DE TERRE

On peut préparer cet excellent gratin à l'avance et le servir en plat unique pour un repas léger ou pour accompagner une viande à la sauce légère.

POUR 4 PERSONNES
550 g de blanc de poireau émincé
25 g de beurre
550 g de pommes de terre fermes, pelées et émincées fin
250 ml de crème fleurette
sel et poivre noir du moulin

Préchauffer le four à 200°C (thermostat 6). A feu vif, faire cuire le poireau à couvert 10 minutes dans le beurre avec 4 cuillerées à soupe d'eau, du sel et du poivre. Etaler le poireau au fond d'un plat à gratin beurré. Répartir les pommes de terre par-dessus et napper de crème fraîche. Mettre 20 à 25 minutes à four chaud pour bien dorer le tout.

Carottes et céleri aux petits lardons

(Photographiés à droite)

Voici un autre plat qui peut être préparé à l'avance pour être réchauffé à la dernière minute. Pour accompagner la volaille, on peut remplacer le céleri par des petits navets.

POUR 4 PERSONNES
300 g de céleri-rave
400 g de carottes
1 pincée de sel
1 cuillerée à soupe de vinaigre de vin blanc
100 g de lardons
1 oignon haché fin
3 cuillerées à soupe de crème fraîche
persil frais haché à volonté

Peler et couper le céleri et les carottes en bâtonnets. Mettre les légumes dans une sauteuse avec 200 ml d'eau, le vinaigre et le sel. Laisser mijoter 15 à 20 minutes à feu vif pour que les légumes restent un peu croquants et que l'eau s'évapore. Réserver dans le plat de service. Faire dorer les lardons et l'oignon dans la sauteuse à feu modéré. Remettre les légumes dans la sauteuse, ajouter la crème et faire frémir à feu doux. Ajouter le persil. Remettre dans le plat de service et servir très chaud.
Pour préparer le plat à l'avance : laisser refroidir les légumes, couvrir et réserver au frais. Le jour voulu, faire réchauffer les légumes 20 à 25 minutes au four à 180°C (thermostat 4). Faire dorer les lardons et l'oignon et terminer comme indiqué ci-dessus.

Spätzle

Autrefois mets modeste, les spätzles étaient servies avec une sauce aux pommes ou une compote de fruits secs. Aujourd'hui, elles accompagnent souvent des viandes en sauce.

POUR 4 À 6 PERSONNES
300 g de farine de blé
1 pincée de sel
3 oeufs entiers
environ 150 ml d'eau, de lait ou de crème fraîche ou un mélange des trois

Dans une jatte, malaxer la farine, le sel, les oeufs et assez de liquide pour obtenir une pâte souple, épaisse mais un peu fluide. Laisser reposer 30 minutes.
Amener une grande casserole d'eau salée à ébullition. Incliner la jatte au-dessus de la casserole de manière à ce que la pâte coule jusqu'au bord de la jatte. Au couteau, faire couler un ruban de pâte dans la casserole. Tremper le couteau dans l'eau pour le nettoyer et recommencer l'opération. Lorsqu'elles sont cuites, les spätzles remontent à la surface. Egoutter les spätzles cuites dans une jatte d'eau froide. Laisser refroidir et égoutter immédiatement sur un torchon ou dans un plat à gratin (si on les laisse dans la passoire, les spätzles collent). Continuer ainsi pour faire cuire toute la pâte. Pour servir : faire dorer les spätzles dans une casserole beurrée. On peut aussi les laisser dans le plat à gratin et ajouter des parcelles de beurre avant de mettre le tout à gratiner 15 à 20 minutes à four chaud (180°C, thermostat 4).

Saumon frais et fumé en croûte à la choucroute

(Photographié à gauche)

Voici un merveilleux plat de fête que l'on préparera à l'avance pour le faire cuire à la dernière minute. Le mariage de choucroute un peu aigre et de saumon, doux et fondant, séduira les moins aventureux. Présentez le plat avec des pommes de terre nouvelles et des timbales de choucroute.

POUR 6 À 8 PERSONNES
POUR LA CHOUCROUTE
300 g de choucroute
1 oignon haché fin
1 cuillerée à soupe d'huile
200 ml de vin blanc sec
200 ml d'eau ou de fond de poisson
6 baies de genièvre
3 à 4 cuillerées à soupe de crème fraîche
sel et poivre noir du moulin

POUR LE POISSON ET LA CROÛTE
1 saumon entier de 1,5 kg environ, soit 2 filets de 500 g
100 g de saumon fumé tranché très fin
450 de pâte feuilletée
1 oeuf légèrement battu
1 baie de genièvre (facultatif)

POUR LA SAUCE
1 échalote ou 1 oignon nouveau haché fin
25 g de beurre doux
150 ml de fond de poisson bien réduit
150 ml de vin blanc sec
6 cuillerées à soupe de crème fraîche

Rincer longuement la choucroute à l'eau claire et bien égoutter. Dans une casserole, faire suer l'oignon dans l'huile. Ajouter la choucroute et faire cuire 5 minutes en remuant. Mouiller avec le vin et l'eau ou le bouillon. Ajouter le genièvre, saler et poivrer. Couvrir et laisser mijoter 45 minutes. Laisser refroidir et incorporer la crème fraîche.

Parer et peler les 2 filets de saumon. Saler et poivrer. Abaisser la pâte en un rectangle un peu plus long que les filets et au moins 3 fois plus large. Poser un filet sur un côté du rectangle et étaler la moitié de la choucroute par-dessus. Ajouter le saumon fumé, le reste de la choucroute et terminer par le second filet de saumon. Humecter les bords du rectangle et ramener l'autre pan de pâte sur le premier pour envelopper les ingrédients. Rectifier les bords pour donner à l'ensemble la forme d'un poisson. Dessiner les écailles à la cuiller à café et enfoncer une baie de genièvre dans la pâte pour figurer l'oeil. Poser le poisson sur la lèchefrite, dorer à l'oeuf et réserver au frais (si l'on prépare le plat à l'avance).

Préchauffer le four à 200°C (thermostat 6) et mettre le poisson 30 à 35 minutes en bas du four pour bien cuire le dessous de la croûte.

Pour la sauce : à feu doux, faire suer l'échalote ou l'oignon nouveau dans le beurre. Mouiller avec le fond de poisson réduit et le vin et faire réduire de moitié. Au fouet, incorporer la crème fraîche. Rectifier l'assaisonnement.

Présenter le poisson dans sa croûte et le découper à table. Servir les tranches accompagnées de sauce.

POULET SAUTÉ, SAUCE AU FOIE GRAS

POUR 6 PERSONNES
1 gros poulet de 2,5 kg environ
2 carottes
2 oignons
2 échalotes
2 gousses d'ail en chemise
25 g de beurre doux
1 brin de thym
1 feuille de laurier
1 clou de girofle
1 verre de vin blanc sec
300 ml de bouillon de volaille
4 cuillerées à soupe de crème fraîche
100 g de foie gras
sel et poivre noir du moulin

Couper le poulet en 8 ; saler, poivrer et réserver. Pour le bouillon: mettre la carcasse, 1 carotte, 1 oignon, 1 échalote et 1 gousse d'ail dans une casserole. Couvrir d'eau et faire frémir 1 à 2 heures à feu doux. Filtrer et faire réduire le bouillon à feu vif pour obtenir l'équivalent de 2 verres.

Hacher la carotte, l'oignon et l'échalote restantes. Préchauffer le four à 220°C (thermostat 7).

Dans une cocotte à four, faire dorer les morceaux de poulet dans le beurre. Baisser le feu et ajouter les légumes hachés, le reste de l'ail, le thym, le laurier et le clou de girofle. Couvrir et mettre 15 minutes à four chaud. Mouiller avec le vin et le bouillon et faire cuire encore 10 minutes.

Réserver les morceaux de poulet au chaud dans le plat de service. Pour la sauce : filtrer le jus de cuisson dans une casserole et dégraisser. Incorporer la crème fraîche et faire réduire. Hors du feu, au fouet, incorporer le foie gras en parcelles. Rectifier l'assaisonnement. Napper le poulet de sauce et servir.

CUISSES DE POULET À LA BIÈRE ACKERLAND

POUR 4 À 6 PERSONNES
4 cuisses de poulet (cuisse et haut de cuisse)
100 g de lardons
2 feuilles de laurier
4 gousses d'ail en chemise
3 baies de genièvre écrasées sous la lame du couteau
250 ml d'Ackerland brune ou autre bière brune
sel et poivre noir du moulin

Préchauffer le four à 250°C (thermostat 9). Couper les cuisses en 2, saler et poivrer. Poser les morceaux de poulet dans une cocotte à four avec les lardons, le laurier, l'ail, le genièvre et la bière. Mettre 20 minutes au four. Baisser la température du four à 180°C (thermostat 4). Retourner les morceaux de poulet et faire cuire encore 20 minutes. Retourner à nouveau les morceaux de poulet, arroser de jus de cuisson et remettre 20 minutes au four. Le poulet doit être brun foncé et les gousses d'ail fondues dans leur chemise. Si le jus n'est pas caramélisé, faire réduire en sirop sur feu vif.

Vinaigre aux épices

Au Moyen Age, l'Alsace comptait de nombreux jardins garnis de toutes sortes d'herbes médicinales, culinaires et ornementales. En associant plusieurs herbes et épices, on obtient un vinaigre parfumé excellent pour assaisonner la salade ou déglacer les sucs de la poêle lors de la préparation des sauces.

POUR ENVIRON 1,5 L DE VINAIGRE
estragon, cerfeuil, pimprenelle, fenouil et bourrache
2 cuillerées à soupe d'arômates
3 gousses d'ail
3 échalotes
1,5 l de vinaigre de vin blanc

Récolter les herbes par temps sec et ensoleillé et les mettre dans un bocal sec et propre avec les autres ingrédients. Fermer hermétiquement et laisser reposer 3 à 4 semaines sur l'appui de la fenêtre en remuant légèrement le bocal de temps en temps. Filtrer le vinaigre au chinois, puis dans une mousseline ou un filtre en papier. Mettre en bouteille.

Pain à la bière façon Fred

Chef-pâtissier du Crocodile à Strasbourg, Fred prépare un délicieux pain qui doit sa consistance souple et compacte à la farine de seigle. Le levain permet d'accélérer la première levée.

POUR 2 MICHES
550 g de farine de blé
550 g de farine de seigle
1 cuillerée à soupe de sel
15 g de levure fraîche ou 1 sachet de levure sèche
150 g de levain (à demander au boulanger, facultatif)
500 ml de bière brune non pasteurisée (Ackerland brune)

Il est indispensable de bien pétrir la pâte. Dans une grande jatte, mélanger les farines et le sel et émietter la majeure partie de la levure fraîche (ou saupoudrer de levure sèche). Mélanger le reste de la levure avec 3 cuillerées à soupe de farine et 100 ml de bière ; réserver. Incorporer éventuellement le levain à la farine ; ajouter le reste de la bière, 250 ml d'eau et pétrir soigneusement pour obtenir une boule élastique qui se détache des doigts (ajouter un peu de farine en pluie si nécessaire). Glisser la jatte dans un sac en plastique et laisser doubler de volume (2 heures à température ambiante).
Pétrir la pâte et la diviser en 2. Abaisser chaque moitié en disque. Relever 3 bords du disque et les aplatir au centre pour former un triangle. Renverser les miches sur une tôle de cuisson farinée et enduire la surface avec un peu de mélange levure, farine et bière. Laisser gonfler 30 minutes à température ambiante. Appliquer le reste du mélange levure, bière, farine.
Préchauffer le four à 220°C (thermostat 7). Faire dorer les miches 35 à 40 minutes. Elles doivent gonfler et rendre un son creux lorsqu'on les frappe.

Gâteau chasseur

Moelleux à souhait, ce gâteau doit peut-être son nom au fait qu'il clôturait le déjeuner des chasseurs, ou parce que les fruits rouges mûrissent au moment de l'ouverture du chevreuil.

POUR 6 PERSONNES
4 oeufs, blancs et jaunes séparés
150 g de sucre semoule
100 g d'amandes ou de noisettes en poudre
2 cuillerées à soupe de farine
1 pincée de sel
100 g de groseilles ou de framboises parées
3 cuillerées à soupe d'amandes effilées

Préchauffer le four à 180°C (thermostat 4). Graisser et fariner un moule à manqué amovible de 18 cm de diamètre et chemiser le fond avec un disque de papier sulfurisé.
Fouetter les jaunes d'oeuf et 55 g de sucre pour obtenir une mousse onctueuse, jaune pâle qui forme un ruban sur la cuiller. Incorporer la poudre d'amandes et la farine. Dans une jatte propre, fouetter 2 blancs d'oeuf et 1 pincée de sel en neige ferme. Ajouter 50 g de sucre et continuer à fouetter pour obtenir une neige brillante. Incorporer les blancs battus dans la pâte à base de jaunes. Verser le tout dans le moule et faire dorer 25 à 30 minutes à four chaud (la pointe du couteau doit ressortir propre). Disposer les fruits rouges sur le dessus du gâteau. Fouetter les blancs d'oeuf et le sucre restants comme précédemment et napper les fruits de mousse. Remettre 6 à 8 minutes au four pour dorer la meringue.

STRUDEL AUX QUETSCHES

(Photographié à droite)

C'est en automne que le Cheval Blanc de Lembach sert ce dessert de quetsches roulées dans une pâte feuilletée.

POUR 4 À 6 PERSONNES
800 g de quetsches
200 ml de vin rouge
100 g de sucre semoule
75 g de beurre doux
2 pincées de cannelle en poudre
1 pincée de toutes-épices
300 g de pâte feuilletée, ou 6 feuilles de pâte filo et un peu d'huile
1 oeuf entier battu
3 cuillerées à soupe d'amandes effilées

Dénoyauter et couper les quetsches en 4. Les faire pocher dans le vin et le sucre. Egoutter (réserver le vin) et faire revenir les fruits avec les épices dans la moitié du beurre. Laisser refroidir.

Abaisser la pâte en un rectangle de 30 x 40 cm (ou étaler les feuilles de filo en les faisant se chevaucher en huilant les bords pour les coller). Etaler les fruits sur la pâte jusqu'à 5 cm des bords. Relever légèrement les bords de la longueur et rouler le strudel en partant d'une largeur. Poser le strudel, soudure dessous, sur la tôle de cuisson huilée. Dorer au jaune d'oeuf, garnir d'amandes effilées et laisser reposer au frais.

Préchauffer le four à 220°C (thermostat 7). Mettre le strudel à dorer 20 minutes. Réduire le vin sucré en sirop et incorporer le reste du beurre en parcelles au fouet. Présenter le strudel avec la sauce et de la glace à la vanille.

(A droite) La cigogne est l'emblème de l'Alsace par excellence, ici sur une enseigne en fer forgé. Ces magnifiques oiseaux étaient menacés de disparition, mais, depuis une vingtaine d'années, on les élève assidûment et ils viennent de nouveau nicher sur les toits au printemps.
(A l'extrême droite) Un beau rang de kougelhopfs.
(Ci-dessous) Vue de Riquewihr depuis le grand cru Schoenenberg.

LA ROUTE DES VINS

(En bas) Ce dessus de fût sert d'enseigne à un viticulteur du Bas-Rhin spécialisé dans le klevener de Heiligenstein.
(Ci-dessous) En Alsace, la moindre occasion est bonne pour esquisser quelques pas de danse. Ici, un groupe de danseurs folkloriques à l'une des nombreuses fêtes du vin qui ont lieu dans les villages de la route des Vins en automne.

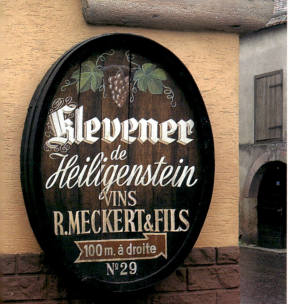

LES villages viticoles d'Alsace sont certainement les sites les plus touristiques de la province. Chaque année, ils accueillent des milliers de visiteurs venus y déguster leurs produits les plus fameux, mais aussi admirer leurs églises romanes, leurs maisons à colombage vivement colorées et leurs élégants édifices de style Renaissance. Epargnés par le temps, les bourgs de la route des Vins dégagent, malgré l'affluence touristique, un sentiment de paix et de prospérité. En effet, si la paix est relativement récente en Alsace, la prospérité n'a rien de nouveau et cela fait des siècles que le vin joue un rôle essentiel dans l'économie régionale. Les Romains introduisirent la vigne en Alsace par des chemins quelque peu détournés, remontant la vallée du Rhône jusqu'au Palatinat avant de bifurquer vers le sud et l'Alsace pour s'établir dans toute la province hormis dans les Vosges et le Sundgau.

A la fin du Ve siècle, la conversion de l'Alsace au christianisme entraîna l'arrivée d'une foule de moines et autres hommes saints. Leur consommation de vin, tant pour des raisons religieuses que profanes, eut une influence considérable sur l'évolution de la quantité et de la qualité de la vigne. En 824, Ermoldus Nigellus, poète aquitain temporairement exilé à Strasbourg, commentait : "le grand Dieu Bacchus habite ces collines, le raisin pousse tout le long des montagnes et le vin coule à flots. Les Alsaciens seraient depuis longtemps noyés sous des rivières de lard et de vin, si les marchands n'exportaient leur production vers les rivages lointains..."

Grâce au Rhin, le vin était notamment livré en Hollande, en Angleterre, en Scandinavie, dans les ports hanséatiques, les Etats baltes et la Suisse. Tout au long du Moyen Age et jusqu'au début du XVIIe siècle, la qualité et la réputation des vins d'Alsace s'améliorèrent régulièrement. La guerre de Trente ans (1618-1648) devait mettre un terme brutal à cette ère de prospérité croissante ; la campagne fut dévastée, la population décimée ; de deux mille deux cent quarante-cinq habitants en 1610, Riquewihr passa à soixante-quatorze en 1636. Avec le traité de Westphalie (1648) qui marquait la fin du conflit, l'Alsace se rallia à la France pour la première fois de son histoire. Le Rhin, jusqu'alors principale artère de communication de la province avec le reste de l'Europe, se transforma soudain en frontière avec un Etat parfois hostile.

Dans le domaine de la viticulture, il s'ensuivit alors une période de déclin de près de trois cents ans. Les marchés traditionnels furent temporairement fermés, les armées d'occupation s'installèrent et repartirent, le phylloxéra préleva son dû, et pour les jadis célèbres vins d'Alsace, la période se révéla plutôt sombre. Au lendemain de la Seconde Guerre mondiale, quelques viticulteurs mirent en place une série de mesures qui permirent à l'Alsace viticole de reprendre sa longue ascension vers la qualité et la réputation dont elle jouissait par le passé.

Aujourd'hui, de Marlenheim à Thann en passant par la petite enclave de Wissembourg, vignoble isolé au nord-est, les rangs serrés de ceps bien alignés occupent les coteaux des collines sous-vosgiennes jusqu'à déborder sur la plaine alluviale du Rhin. La plupart des villages viticoles sont situés dans le Haut-Rhin, à portée de Colmar ; dans le Bas-Rhin, les communes viticoles, moins nombreuses, sont plus dispersées.

Un débat oppose les deux départements quant à savoir lequel des deux produit les meilleurs vins. Avec un climat légèrement plus doux, le Haut-Rhin donne des vins souples, riches et bien charpentés. Au nord, les vins du Bas-Rhin ont tendance à être plus minces, moins sucrés et plus acides. Mais le dernier mot revient à Serges Dubs, sommelier de l'Auberge de l'Ill et récemment nommé Meilleur Sommelier du Monde : "Néanmoins, la finesse est du côté nord..."

Quoi qu'il en soit, l'amateur de vin n'a qu'à se laisser guider : des sentiers balisés sillonnent les vignobles, les villages viticoles regorgent de gîtes accueillants, et d'innombrables fêtes célèbrent le produit roi de la région. Ici, la cuisine ne sert qu'à mettre en valeur les meilleurs vins. Dans les vignobles, les nombreux wistubs (appelés "winstubs" dans le nord de l'Alsace) et caveaux servent des plats traditionnels, très simples. Les restaurants ne manquent pas, depuis les grandes tables qui ont fait la réputation de l'Alsace jusqu'aux auberges de village souvent familiales. Et pourquoi ne pas acheter quelques provisions pour pique-niquer sur l'un des bancs installés çà et là dans les vignes et admirer la mer de ceps qui s'étend jusqu'à l'horizon.

LE BAS-RHIN

C'EST à Marlenheim que l'on commence la route du Vin, par exemple par un repas à l'Hostellerie du Cerf, inoubliable introduction à la suite. Robert et Michel Husser, père et fils, préparent des menus originaux dans lesquels les grands plats du répertoire de la cuisine alsacienne traditionnelle adoptent une touche moderne par le truchement d'associations nouvelles et originales. Le village jouit, en outre, depuis longtemps d'une bonne réputation pour ses vins rouges. A partir de pinot noir, plus souvent vinifié en rosé, certains producteurs de Marlenheim produisent un rouge plus corsé, dit "rouge de Marlenheim", en augmentant les durées de cuvaison.

A cette extrémité quelque peu bucolique de la route du Vin, les vignobles relativement dispersés alternent avec les vergers de pommiers ou de cerisiers. Parfois, les ceps poussent au-dessus de pieds de rhubarbe dont les larges feuilles ombragent leurs racines. A Traenheim, Frédéric Mochel, l'un des meilleurs vignerons du Bas-Rhin, élabore quelques riesling et gewurztraminer de grande distinction, ainsi que de

La route des Vins 49

*(En haut à gauche) Vignobles du Bas-Rhin près de Traenheim. Le mariage de vignes et d'arbres fruitiers est caractéristique de l'extrémité nord de la route des Vins.
(En haut) Vendangeur à l'ouvrage.
(Ci-dessus) Notamment chez les petits viticulteurs, les vendanges se font en famille.
(Ci-contre à gauche) La maison Mosbach à Marlenheim fabrique un pinot noir élégant et charnu plutôt au-dessus de la moyenne. En Alsace, le pinot noir est souvent vinifié en vin rosé.*

LES CÉPAGES ET LES VINS D'ALSACE

En Alsace, l'amateur de vin a l'embarras du choix. Alors que dans d'autres régions viticoles, les cépages autorisés sont limités à deux ou trois, l'appellation Alsace en dispose de sept : pinot blanc (léger et délicat) ; pinot gris ou tokay pinot gris (étoffé et opulent) ; pinot noir (cépage prestigieux généralement vinifié en rosé) ; riesling (grande distinction et élégance) ; gewurztraminer (très typé, à l'arôme incomparable) ; muscat (pur raisin) et sylvaner (plus vif que fruité). L'edelzwicker n'est pas un cépage mais un vin blanc issu d'un mélange dont la composition varie selon les années et les vignerons. La plupart des viticulteurs vinifient les sept cépages ; certains élèvent également du crémant, vin effervescent obtenu par la méthode champenoise. Comme partout, le vin diffère d'un vigneron à l'autre, même lorsqu'il est issu du même cépage cultivé dans le même terroir. En Alsace, la dégustation de vin réserve bien des surprises malgré les informations de l'étiquette. Ci-dessus, le riesling 1994 de M. Mochel vient du grand cru Altenberg de Bergbieten dans le Bas-Rhin.

(En bas) Vignobles dans le Bas-Rhin, près de Heiligenstein, berceau de l'exceptionnel cépage klevener.
(Ci-dessous) La famille Willm vend des escargots à Barr. Très prisés en Alsace, les escargots proviennent parfois des vignobles. On les prépare avec le classique beurre à l'ail pour les servir brûlants dans leur coquille, et on les déguste avec un verre de sylvaner, frais et nerveux, ou de riesling, élégant et très typé, et de belles tranches de pain pour saucer.

petites quantités de délicieux muscat fruité, harmonieux et très sec, parfait en apéritif. Plus loin, à Bergbieten, la famille Schmitt possède des vignes tout autour du village, dont environ le quart dans le grand cru Altenberg de Bergbieten. Il est difficile de décrire l'impression que suscite une dégustation chez Roland Schmitt tant ses vins atteignent un niveau élevé; d'ailleurs, ils apparaissent sur les meilleures tables de la région. Les vins plus "ordinaires", sylvaner ou pinot blanc, sont à consommer jeunes; les vins nobles, riesling et gewurztraminer, demandent à mûrir en cave pendant plusieurs années.

Rosheim est surtout connue pour son église romane Saint-Pierre-et-Saint-Paul dont les mystérieuses et amusantes figures sculptées ornent le pignon et la façade. Le village possède également ce qui serait la plus ancienne maison d'Alsace, la Heidehüs, ou maison des païens, qui date du XII⁰ siècle. Sur la route de Rosenwiller, le fromager

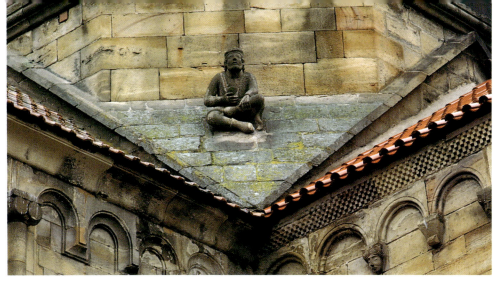

(A droite) Cette ravissante figure sculptée orne un pignon de l'église Saint-Pierre-et-Saint-Paul de Rosheim, superbe ensemble roman bâti en plusieurs étapes à dater de 1150.
(Ci-dessous) Dans le ravissant village de Blienschwiller, dans le Bas-Rhin, un vigneron expose ses produits dans la vitrine de sa boutique. Les visiteurs sont toujours les bienvenus, mais il vaut mieux éviter la période des vendanges qui ont généralement lieu en septembre et en octobre.

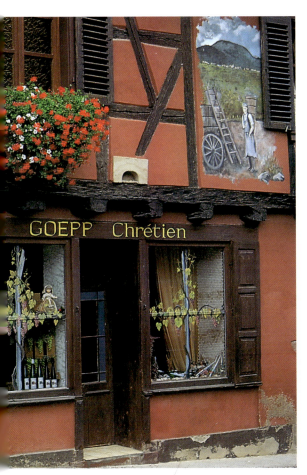

Siffert vend de délicieux mini-munsters, à faire griller pour les servir sur une salade ou sur les galettes de pommes de terre. En saison, un petit train à vapeur halète doucement à travers les vignes entre Rosheim et Ottrott, jolis points de chute pour visiter les vignobles, les Vosges ou le magnifique mont Sainte-Odile.

Le village de Heiligenstein est notamment connu pour son vin exceptionnel. A ne pas confondre avec le klevner d'Alsace à base de cépage auxerrois ou de pinot blanc, le klevner de Heiligenstein est élaboré à partir de savagnin rose ou de l'ancien traminer, cépage natif du Jura et cousin de l'aromatique gewurztraminer, et donne un vin rappelant ce dernier quoique plus discret. Un peu plus loin, la ville plutôt austère de Barr possède quelques imposantes demeures, un musée régional installé dans la Folie Marco, demeure seigneuriale du XVIIIe siècle, et plusieurs bonnes épiceries pour les provisions du pique-nique.

Mittelbergheim se présente lui-même comme l'un des plus beaux villages de France, ce qui n'est pas peu dire lorsqu'on connaît le pittoresque des autres villages alsaciens. Comme en témoigne le nombre important de maisons en pierres, la prospérité du village ne date pas d'hier. La pierre symbolisait, en effet, la richesse et la stabilité, tandis que les maisons à colombage garnies de torchis étaient généralement habitées par des familles modestes qui restaient moins longtemps au même endroit. Si nécessaire, on démontait les poutres pour aller reconstruire la maison dans un lieu plus sûr. Nombre des demeures en pierre appartiennent à des familles de viticulteurs qui, tels les Seltz, affichent leur nom par une enseigne en fer forgé finement ouvragée.

C'est le sylvaner que l'on associe généralement à Mittelbergheim. Souvent considéré comme le moins prestigieux des cépages alsaciens, il donne un vin léger, assez vif, ou, assemblé à d'autres cépages, de l'edelzwicker. Depuis le Moyen Age, il prolifère sur les versants ensoleillés, exposés au sud, du coteau Zotzenberg où il offre des vins à l'arôme puissant, d'une rondeur et d'une plénitude peu communes. Puisque Zotzenberg fait partie des grands crus (dont l'appellation interdit l'utilisation de sylvaner), de nombreux viticulteurs ont remplacé leurs vignes par des cépages nobles. Toutefois, certains vinifient encore de grands sylvaners de

LES GRANDS CRUS ET LES TERROIRS D'ALSACE

Définie en 1975 par l'Institut national des appellations d'origine, l'appellation "Alsace grand cru" désigne les terroirs dont les mérites sont reconnus, officieusement certes, depuis des siècles, et impose certains critères. A l'heure actuelle, l'Alsace compte cinquante et un grands crus, dont certains sont extraordinaires. L'appellation réglemente notamment le rendement maximal à l'hectare (considéré comme encore trop élevé par beaucoup), le degré d'alcool minimal, le poids du moût et les cépages : en Alsace, il s'agit des quatre variétés dites nobles, le riesling, le tokay ou pinot gris, le gewurztraminer et le muscat. Avant d'être commercialisés, les vins doivent également être soumis à des dégustations et des analyses. Certains grands crus affichent fièrement leur nom sur le coteau, ce qui permet au visiteur de les repérer facilement. Les vignes d'un grand cru appartiennent souvent à plusieurs vignerons, tous détenant le droit de faire figurer le nom du terroir (lorsque les critères imposés par l'appellation sont respectés) sur l'étiquette de leurs bouteilles. Les terroirs sont parfois très anciens.

Zotzenberg et, parce qu'ils n'ont pas le droit de faire porter le nom du vignoble sur l'étiquette, adoptent des mentions plus ou moins énigmatiques : le sylvaner des Seltz est vendu sous le nom Cuvée vieilles vignes, tandis que celui de la famille Gilg est simplement baptisé "Z".

Nichée au pied du charmant vallon de l'Andlau, la petite bourgade du même nom s'appelait jadis Eleon. C'est là que Marc Kreydenweiss, l'un des viticulteurs biologiques d'Alsace, cultive les vignes du vin du "clos du val d'Eleon". Chose peu courante en Alsace, il produit un mélange de riesling et de pinot gris, mais il s'est également spécialisé dans le riesling, notamment à partir des trois grands crus locaux : Kastelberg, dont les vignes poussent juste derrière le domaine ; Wiebelsberg, tout près vers Mittelbergheim ; et Moenchberg, du côté d'Eichhoffen.

Si Mittelbergheim remporte la palme d'architecture, Itterswiller décroche celle du panorama : le bourg est perché sur un coteau offrant une vue époustouflante sur la plaine et sur la Forêt Noire au-delà. L'Hôtel-Winstub Arnold, autre centre de séjour parfait pour rayonner dans les vignobles et dans les Vosges, permet de profiter pleinement de la vue. Dambach-la-Ville est l'un des quelques villages fortifiés d'Alsace qui n'ont pas souffert des ravages de la guerre ou de l'urbanisation. La place du centre s'orne d'un imposant hôtel de ville à pignons, de plusieurs élégantes maisons

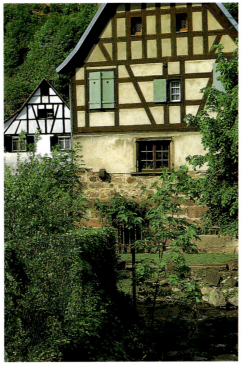
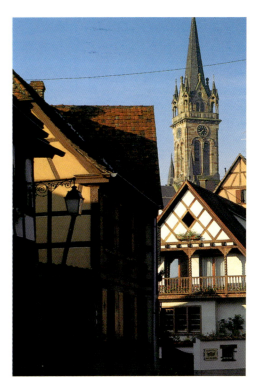

de vigneron et de l'impressionnant Caveau Nartz, bar à vin logé dans un étrange bâtiment haut et étroit. A l'entrée du village, le domaine Dirringer produit un superbe muscat, l'un des cépages les plus difficiles à cultiver en Alsace.

DE ROHRSCHWIHR À AMMERSCHWIHR

ROHRSCHWIHR était autrefois réputée pour son microclimat qui en fait un site de choix pour la culture des cerisiers. Par la suite, la vallée abandonna la culture des cerises, mais la production de vins élégants comme ceux de la famille Rolly Gassmann est resté florissante. En Alsace, le pinot blanc est rarement préparé uniquement à partir de pinot blanc et contient souvent une certaine proportion d'auxerrois, cépage plus doux et plus épicé qui donne du corps et du bouquet au pinot blanc autrement assez mince. Les Gassmann fabriquent un auxerrois pur de grande classe, ample au palais, épicé et long en bouche à partir des vignes du vignoble Moechreben, et un muscat particulièrement délicieux.

Ravissant village fortifié, Bergheim mérite une halte pour les vins du domaine Marcel Deiss dont la dégustation constitue un exercice sensuel tant qu'intellectuel.

(En haut à gauche)
Joli petit jardin à Andlau.
(En haut) Ombre et lumière dans le superbe bourg fortifié de Dambach-la-Ville.
(Ci-dessus) L'enseigne de la famille Seltz à Mittelbergheim représentant, en haut, des vendangeurs de retour des vignes.

(Ci-dessus) En Alsace, où les géraniums ornent le moindre balcon, les concours de villages ou de maisons fleuries font rage.
(A l'extrême droite) Joueur de fifre sur la route de Ribeauvillé.
(A droite) La Wistub du Sommelier à Bergheim.
(Ci-dessous) Jean-Michel Deiss, vigneron de Bergheim.
(Page suivante, en haut, à droite) La Tour de l'Horloge à Ribeauvillé.
(À droite, en bas) Église au milieu des vignes, à Hunawihr.
(À gauche, en bas) Danseurs alsaciens.

Monsieur Deiss se sent investi d'une mission et considère la culture de la vigne et du vin comme une véritable philosophie qui participe de nombreux efforts : respect de la nature, impression d'être le dépositaire des vignes pour les générations futures, vénération et connaissance du terroir.

Après la dégustation, l'exercice se poursuit par la visite de la Wistub du Sommelier où l'on déguste au verre les bons vins d'Alsace et d'ailleurs qui varient selon la spécialité du jour et l'humeur de Jean-Marie Stoeckel, propriétaire et naguère Meilleur Sommelier du Monde. La carte des vins, trente-trois rieslings, vingt-quatre gewurztraminers et presque autant de pinots gris, offre une fascinante lecture. Les mets, annoncés comme la "cuisine alsacienne et bourgeoise d'hier et d'aujourd'hui", sont simples et bons.

Près de Ribeauvillé, juchée sur une petite éminence qui domine une vue incomparable (par temps clair, on aperçoit les Alpes), la cave d'André Kientzler est réputée pour ses élégants rieslings de longue garde des grands crus Geisberg et Osterberg. M. Kientzler est également l'un des rares vignerons alsaciens à élever un pur chasselas, vin rafraîchissant, sans fausses prétentions, qu'il conseille de déguster au retour d'une promenade à bicyclette.

Sur la route de Ribeauvillé se dresse un magnifique joueur de fifre en bois avec ses chaussures en pointe, ses genouillères et sa plume au chapeau. Autrefois, les joueurs de fifre faisaient partie des bandes de baladins, d'acrobates, de jongleurs et autres musiciens ambulants qui jouissaient de la protection des comtes de Ribeaupierre. Les échos de cette tradition résonnent dans le Pfifferdaj, jour des joueurs de fifre qui se déroule le premier dimanche de septembre à Ribeauvillé : la musique envahit alors les rues, le vin coule à flots et les Alsaciens se laissent aller à l'un de leurs passe-temps favoris, la danse. Dans la Grand-Rue, la Pfifferhüs (maison du joueur de fifre), l'un des plus anciens et les plus étonnants édifices de la ville, était jadis le lieu de rendez-vous des ménétriers. A présent, elle accueille dans sa salle à manger lambrissée tous ceux qui apprécient les plats traditionnels alsaciens. Les nappes décoratives du restaurant viennent de la Manufacture d'impression sur étoffe, un peu plus loin sur la route de Sainte-Marie-aux-Mines, dont la boutique mérite largement la visite.

Véritable carte postale, Riquewihr est sans conteste le village viticole le plus connu d'Alsace. Ses magnifiques maisons semblent avoir miraculeusement échappé aux ravages du temps et des guerres. C'est vers la mi-mai, le matin, lorsque les géraniums s'épanouissent sur les fenêtres et les balcons, ou en fin d'automne, lorsqu'une brume dorée voile le vignoble Schoenenbourg qui couronne les toits pentus, que le bourg offre son meilleur visage. Ici, la famille Hugel produit des vins opulents et bien charpentés, notamment des vendanges tardives et des sélections de grains nobles. Plus calme, et souvent négligé par les hordes de touristes qui se dirigent tout droit vers Riquewihr, Hunawihr est un pur joyau avec quelques spectaculaires demeures du XVIe siècle. Tout en haut du village, Frédéric Mallo produit d'élégants rieslings, certains à partir des ceps du vignoble Rosacker, juste sous la ravissante église Sainte-Hune, et un capiteux et corsé tokay pinot gris.

LA CONFRÉRIE SAINT-ETIENNE
Aujourd'hui installée dans le majestueux château Renaissance de Kientzhem (ci-dessus), la confrérie des vins d'Alsace fut fondée à Ammerschwihr au XIVe siècle sous le nom de Herrenstubengesellschaft (la Société des bourgeois). Elle disparut en 1848 pour ressusciter en 1947, se donnant alors pour objectif de promouvoir l'ensemble des vins d'Alsace. La confrérie tient quatre chapitres solennels par an, un grand banquet préparé par les meilleurs chefs de la région et un concours des vins de ses membres au cours duquel les meilleurs, qui répondent à certains critères, sont récompensés par l'attribution du Sigille, sceau de qualité.

En revanche, Ammerschwihr, à cinq minutes de voiture de Riquewihr, fut presque entièrement détruite à la fin de la Seconde Guerre mondiale et l'on ne peut aujourd'hui qu'imaginer son élégance passée. Célèbre pour son restaurant gastronomique, Aux Armes de France dont le chef, Philippe Gaertner, est l'un des organisateurs des banquets de la confrérie Saint-Etienne, le bourg dispose toutefois d'un vignoble fort ancien et fort célèbre, le Kaefferkopf. Traditionnellement, les quatre cépages nobles (riesling, gewurztraminer, tokay pinot gris et muscat) et le pinot blanc étaient cultivés à cet endroit et vinifiés seuls ou en mélange. Lors de la fondation de l'appellation, les propriétaire du Kaefferkopf acceptèrent, au terme d'un long débat, d'adopter l'appellation grand cru, avec les restrictions que ce choix impliquait. Les caves J.-B. Adam d'Ammerschwihr sont particulièrement renommées pour leur riesling et leur gewurztraminer, mais elles produisent également un excellent pinot blanc.

COLMAR

EN matière d'architecture et de vieilles pierres, le centre de Colmar n'a rien à envier à celui de Strasbourg, mais tout ici est à échelle réduite. Le musée d'Unterlinden - musée le plus fréquenté de France après le Louvre de Paris -, les boutiques et les marchés, la foire des vins du mois d'août en font une étape

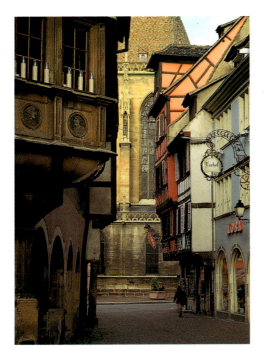

(A l'extrême gauche) La maison Pfister à Colmar fut bâtie en 1537 pour un chapelier de Besançon. C'est au XIXe siècle que la famille Pfister s'y installa.
(A gauche) L'enseigne de la boulangerie Helmstetter, à Colmar, s'orne d'un bretzel, spécialité alsacienne dont la forme a été adoptée comme l'emblème de la corporation des boulangers.

obligatoire de tout séjour en Alsace. La ville est également le point de départ idéal pour les excursions dans les vignobles ou dans les Vosges. Le jeudi, un petit marché s'installe sur la place du Koifhus (ancienne douane) ; le samedi, il envahit la place Saint-Joseph. Jacky Quesnot, fromager de Buhl, est présent aux deux avec ses délicieux fromages au lait cru de France, mais il tient également boutique dans la petite rue Saint-Nicolas.

Colmar compte plusieurs belles maisons de marchands : la maison des Têtes, rue des Têtes, abrite aujourd'hui une wistub et la Bourse du vin; dans la maison Pfister, rue des Marchands, la famille Muré de Rouffach vend notamment ses excellents vins. Sur la place de la Cathédrale, La Sommelière offre toutefois un choix plus étendu, ce qui est fort utile si l'on n'a pas le temps de passer par les vignobles.

Juste en face de l'église des Dominicains, où l'on admirera la magnifique Vierge au buisson de roses de Martin Schongauer, on reconnaît le boulanger Helmstetter à son enseigne en fer forgé en forme de bretzel. Plus loin, la minuscule boutique du charcutier-traiteur Glasser, située dans une maison du XIIIe siècle, vend toutes sortes de délicieux pâtés ou de plats cuisinés propres à décourager le plus enthousiaste des cuisiniers. A la pâtisserie Jean, place de l'Ecole, Michel Casenave et Christian Dosch essaient de réduire les quantités de sucre, de beurre ou de crème sans pour autant compromettre la richesse et la qualité du produit fini.

(En haut) Les tuiles vernissées du Koifhus de Colmar. L'édifice, dont la majeure partie date du XIVe siècle, abritait des entrepôts et les bureaux de la Douane.
(Ci-dessus) La Fromagerie de Saint-Nicolas à Colmar, véritable caverne d'Ali Baba.

58 La route des Vins

*Le samedi matin, sur la place Saint-Joseph
de Colmar, le marché s'anime. La plupart
des produits sont cultivés dans la région :
les asperges (ci-dessus) prolifèrent dans les sols
sablonneux des environs de Colmar.
(En haut) Une fermière vend des pains
de campagne, tandis que son voisin apiculteur
propose du miel de ses ruches et
des fraises de son jardin.
(A droite) Un client choisit soigneusement
son kougelhopf pour le petit-déjeuner
du dimanche matin.*

Au coeur de La Petite Venise, quartier pittoresque de la ville irrigué par la paisible Lauch, le quai de la Poissonnerie accueillait jadis les vendeurs de poisson d'eau douce des rivières et des torrents de la région. Depuis 1586 et douze générations, la famille Wertz vend du poisson dans la même adorable petite boutique. A l'origine la petite entreprise familiale commercialisait le hareng salé que les bateaux rapportaient de Hollande par le Rhin après avoir laissé leur précieux chargement de vin alsacien plus au nord. Sur le même thème, le restaurant Aux Trois Poissons sert une matelote raffinée et autres plats de poisson.

Il est difficile de résister au choix immense de linge de table et de tissus de La Cotonnière d'Alsace, dans la rue des Clefs, dont les motifs, alsaciens traditionnels ou plus modernes et audacieux, sont superbes, le coton, lourd et luxueux, les teintes vives et la qualité exemplaire. Sur la place du Koifhus, Arts et Collections d'Alsace vend de beaux articles de cuisine, notamment des moules en terre, du linge de table, des coussins et des motifs à broder qui s'inspirent de modèles originaux exposés dans les musées de la région. Enfin, c'est peut-être Patrick Fulgraff, du Fer Rouge en face du Koifhus, qui prépare certains des plats les plus originaux de Colmar, tandis que la Wistub Brenner, rue de Turenne, ou le Caveau Saint-Jean, Grand' rue, proposent des plats typiques, traditionnels et modernes.

DE TURCKHEIM À THANN

La dernière ligne droite de la route des Vins débute à Turckheim où, en été, le veilleur de nuit accomplit chaque soir sa tournée dans le centre médiéval et Renaissance parfaitement conservé. Dans la chaleureuse salle à manger au décor populaire, l'Auberge du Veilleur sert tout un éventail de plats alsaciens typiques. La carte des vins offre un bon échantillon des vins de la coopérative de Turckheim, la meilleure d'Alsace.

Mais Turckheim est également célèbre pour les vins du domaine Zind-Humbrecht, anciennement de Wintzenheim. En épousant Geneviève Zind en 1959, Léonard Humbrecht scella l'union des vignobles des deux familles qui étaient disséminés entre Wintzenheim et Thann. Olivier, le fils, premier Français à obtenir son "Master of wine", est bien décidé à suivre les traces de l'un des meilleurs vignerons d'Alsace.

Sur la route des Vins, même le chocolat fait écho au vin. Grimmer, artisan-chocolatier de Wintzenheim, fabrique un exquis Grand cru Chocolat amer (70% de cacao) ainsi qu'un assortiment appétissant de truffes, de pralines et de bouchées au chocolat de toutes les tailles et toutes les formes. Il vend également du Valrhona le Noir Gastronomie (61% de cacao), l'un des plus fins chocolats doux-amer de France.

Bâtie sur un plan circulaire et cernée d'un double rang de remparts, Eguisheim évoque les poupées russes, chaque cercle révélant tour à tour le suivant. Un petit train conduit

VENDANGES TARDIVES ET SÉLECTIONS DE GRAINS NOBLES

Les mentions "vendanges tardives" et "sélection de grains nobles" s'appliquent à deux vins qui sont fabriqués depuis des années en Alsace lorsque la récolte offre les conditions voulues. Ces vins nobles vont des plus liquoreux aux modérément secs selon le degré de fermentation des sucres naturels (aucun enrichissement n'est autorisé). Le raisin des vendanges tardives est récolté plus tard que les autres, en novembre, voire en décembre, et peut ou non souffrir de pourriture noble (Botrytis cinerea, moisissure qui attaque les grains surmûris et concentre les sucres, ce qui donne au vin son moelleux caractéristique et son arôme exceptionnel). Les baies qui entrent dans la composition des sélections de grains nobles sont récoltées plus tôt ou plus tard, mais elles sont toujours couvertes de pourriture noble. Dans les deux cas, l'appellation impose l'emploi de cépages nobles (pinot gris, gewurztraminer, riesling et muscat) et définit les taux de sucre et d'alcool. Par ailleurs, le vignoble, la récolte et les caveaux doivent être inspectés par les agents de l'Institut national d'appellation d'origine. Dix-huit mois après la récolte, et avant la commercialisation, les vins sont également soumis à des analyses et des dégustations.

(En haut) Le village d'Eguisheim est une étape réputée de la route des Vins. Ses jolies maisons étroites, vivement colorées, se dressent dans l'enceinte des remparts qui encerclent le village.
(Ci-dessus) M. Théo Cattin lève son verre devant sa camionnette de livraison. L'ours noir qui orne le blason de la maison figure également sur l'étiquette colorée des bouteilles de vin de l'entreprise.

les touristes du centre jusqu'aux vignobles en passant devant l'énorme coopérative viticole, la boulangerie Marx où l'on fait la queue jusque dans la rue le samedi matin pour les bretzels tout frais, et les ateliers de poterie. Sur les remparts, Le Pavillon Gourmand sert des plats simples de la région tandis que La Grangelière, à la façade colorée, propose une nourriture plus raffinée.

C'est dans les deux grands crus du village, au nom poétique qui évoque les chênes, Eichberg, ou les pêchers, Pfersigberg, que deux des plus grands viticulteurs d'Alsace ont leur vignes. Léon Beyer d'Eguisheim produit des rieslings élégants, de longue garde ; ses gewurztraminers sont particulièrement bons et le pinot noir de la maison est très fruité. La maison Kuentz-Bas de Husseren-les-Châteaux élabore des vins francs, équilibrés et amples, dont d'excellents rieslings (d'Eichberg ou de Pfersigberg) et gewurztraminers, ainsi qu'un muscat légendaire.

Voegtlinshoffen est la terre du Hatschbourg, grand cru où prolifèrent le pinot gris et le gewurztraminer. Dans le village, Théo Cattin et Fils est célèbre pour ses vins opulents et bien charpentés, au nez assez discret. Guide enthousiaste des vins d'Alsace, M. Cattin connaît toutes les caractéristiques des différents cépages et l'histoire viticole de sa région. Son pinot gris grand cru Hatschbourg est particulièrement opulent et satisfaisant, tandis que le pinot noir maison Cuvée de l'ours noir à la robe soutenue et l'arôme très fruité, se situe un cran au-dessus de la plupart des pinots noirs d'Alsace. La bourgade voisine de Gueberschwihr, commune du grand cru Goldert, est au coeur du pays du muscat. La belle place et les ruelles accueillent en août l'une des foires les plus attrayantes de la route des Vins où les vignerons présentent leur produits aux côtés des artistes locaux qui exposent leurs oeuvres.

Le grand domaine Lucien Albrecht, à Orschwihr, vinifie de puissants pinot blanc et tokay pinot gris de concours, tandis que son Vendanges tardives est tout simplement sublime. A Bergholtz, Jean-Pierre Dirler possède un certain nombre de vignobles bien placés, notamment plusieurs grands crus autour du village. Son muscat ordinaire parfaitement équilibré, qu'il a choisi de ne pas entrer dans le classement des grands crus bien qu'il soit issu du grand cru Saering, est un mélange de muscat d'Alsace, pour ses arômes fleuris, et de muscat ottonel, pour la finesse de son bouquet. Après Bergholtz, l'imposant grand cru Kitterlé couvre le coteau qui conduit à la vallée de Guebwiller, dominée par les terrasses de vignes des Domaines Schlumberger.

La route des Vins s'arrête à Thann, cité fort endommagée par la Seconde Guerre mondiale qui possède encore quelques beaux édifices tels que la collégiale Saint-Thiébaut au remarquable portail ouest sculpté. Le vignoble Rangen, réputé depuis le XIIe siècle pour son terroir et son microclimat exceptionnels, grimpe directement des berges de la Thur et domine la ville. Débutée par un repas mémorable à l'Hostellerie du Cerf de Marlenheim, la route des Vins se doit de s'achever triomphalement avec une goutte du précieux pinot gris grand cru rangen Vendanges tardives du domaine Zind-Humbrecht, vin prestigieux de l'un des plus prestigieux terroirs d'Alsace.

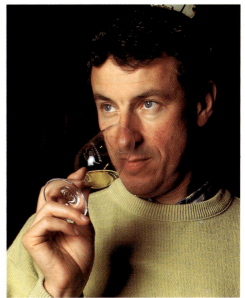

Les Kuentz-Bas, viticulteurs à Husseren-les-Châteaux

Dans le village de Husseren-les-Châteaux, niché au pied des Vosges et dominé par les trois tours d'Eguisheim, se tient le chai de la famille Kuentz-Bas. Comme beaucoup de familles alsaciennes, leur lignée remonte jusqu'au XVIIe siècle, lorsque de nombreux colons originaires de pays voisins vinrent repeupler la région dévastée par la guerre de Trente ans. On sait peu de chose de Jacob Kuentz, le plus ancien ancêtre connu du clan, sinon qu'il arriva de Wangen en Suisse à la fin du XVIIe siècle. Trois cents ans et neuf générations plus tard, l'entreprise des Kuentz-Bas est dirigée par deux de ses descendants directs, Christian Bas et Jacques Weber. Christian se charge de la gestion et de la commercialisation, tandis que Jacques, oenologue doué, est responsable de l'aspect technique de l'affaire.

Un petit signe discret marque l'entrée de la vieille cour pavée autour de laquelle s'ouvrent les divers centres névralgiques de l'entreprise : le caveau de dégustation, les bureaux, les belles caves à vin et les ateliers d'embouteillage et d'étiquetage. A l'extrémité de la cour, la porte de la superbe demeure familiale à colombage bleu vif s'orne au printemps d'une belle glycine. Les Kuentz-Bas détiennent douze hectares de vignes autour des villages de Husseren et d'Eguisheim, certains dans les grands crus Eichberg et Pfersigberg. Ils louent également des vignobles dans les environs et vinifient les sept cépages autorisés en Alsace, ainsi que du crémant.

Winstub Arnold

67140 ITTERSWILLER, TEL 88 85 50 58

A l'ouverture, vers 1960, M. Arnold et son frère, l'oncle Xavier qui a donné son nom à certains plats, officiaient en cuisine tandis que les autres membres de la famille se chargeaient du service. Aujourd'hui, les Arnold ont pris une retraite méritée après avoir confié la winstub à leur fille et leur gendre, monsieur et madame Simon. Les plats, simples et régionaux, sont interprétés avec une touche légère en tenant compte des habitudes alimentaires modernes. Jambons et pâtes fraîches sont préparés sur place; le gibier provient des chasses locales; et les plats traditionnels comme le baeckeoffe, la choucroute et la quiche apparaissent régulièrement au menu. En été, la façade s'orne de géraniums. Depuis l'hôtel, la vue embrasse les vignobles, les Vosges, la plaine d'Alsace et, par temps clair, la Forêt Noire qui s'étend au-delà du Rhin lointain.

Civet de chevreuil aux chanterelles

(Photographié page suivante)

En Alsace, la chasse au chevreuil s'ouvre en mai et l'on peut déguster ce plat chez les Simon tout au long de l'été. Servez-le avec des spätzles ou des pâtes maison.

POUR 6 PERSONNES
2,5 kg d'épaule de chevreuil
50 g de lard ou d'huile
1 carotte en petits dés
2 oignons hachés fin
1 gousse d'ail écrasée
1 tomate pelée et concassée
2 cuillerées à soupe de farine de blé
500 ml de vin rouge
environ 500 ml de bouillon de boeuf
4 feuilles de laurier
4 clous de girofle
400 g de chanterelles émincées
25 g de beurre doux
2 cuillerées à soupe de gelée de groseilles
sel et poivre noir du moulin

Désosser, parer et couper la viande en cubes de 50 g. Dans une cocotte à four, faire dorer la viande dans le lard ou l'huile. Oter la viande et, dans la cocotte, faire suer la carotte, l'oignon, l'ail et la tomate. Saupoudrer de farine et faire roussir en remuant. Remettre la viande dans la cocotte. Préchauffer le four à 150°C (thermostat 2). Ajouter le vin et couvrir de bouillon. Saler, poivrer, ajouter le laurier et la girofle. Couvrir et laisser mijoter 1 heure $1/2$ au four. Dans une poêle, faire revenir les chanterelles 10 minutes dans le beurre. Saler et poivrer. Egoutter la viande, filtrer le jus de cuisson dans une jatte et dégraisser soigneusement. Pour la sauce : au fouet, incorporer la gelée de groseille dans le jus de cuisson et rectifier l'assaisonnement. Remettre la viande dans la cocotte, napper de sauce et ajouter les chanterelles. Laisser frémir 1 minute et servir très chaud.

Mousse aux mirabelles

(Photographiée ci-dessus)

On peut remplacer les mirabelles par des prunes ou des reines-claudes.

POUR 4 PERSONNES
1 feuille de gélatine alimentaire ou
1 demi-cuillerée à café de gélatine en poudre
2 jaunes d'oeuf
250 g de pulpes de mirabelles
(en boîte ou surgelées)
100 ml de crème fouettée

Ramollir la feuille de gélatine dans l'eau froide et essorer (ou mouiller la gélatine en poudre avec 1 cuillerée à soupe d'eau). Mettre les jaunes d'oeuf dans une casserole. Faire chauffer la purée de fruits dans une autre casserole. Verser la purée chaude sur les oeufs en remuant bien et, sans cesser de remuer, faire épaissir à feu doux sans laisser bouillir. Hors du feu, incorporer la gélatine. Laisser refroidir.
Incorporer la crème fouettée dans la purée. Verser la mousse dans 4 ramequins légèrement huilés et faire prendre au réfrigérateur.

Zum Pfifferhüs

68150 RIBEAUVILLÉ, TÉL. 89 73 62 28

Cette demeure à colombage (dont la façade du XIVe siècle est classée) est fréquentée par les cuisiniers et les vignerons. Né dans la vallée de Munster, Laurent Meistermann, propriétaire et chef-cuisinier, a fait ses classes comme boucher-charcutier, puis comme chef dans plusieurs restaurants parisiens avant de revenir au pays, en 1973, pour prendre la direction de l'historique Pfifferhüs. Il concocte des plats traditionnels alsaciens goûteux, allégés et réinterprétés par ses soins, tels que la salade de choucroute blanchie garnie d'aiguillettes de magret d'oie fumé ou de filet de truite avec une sauce au crémant d'Alsace. Fidèle à son passé, il prépare lui-même sa charcuterie et un bel assortiment de tartes aux fruits trône sur le comptoir en bois sombre.

Kassler en croûte

(Photographié à droite)

POUR 6 PERSONNES
1 oeuf entier légèrement battu
1 demi verre de sylvaner ou autre vin blanc sec
300 g de chair à saucisse hachée fin (de préférence à base de porc et de veau)
800 g à 1 kg de longe de porc fumée
450 g de pâte feuilletée
1 oeuf pour dorer

Mélanger l'oeuf et le vin avec la chair à saucisse. Abaisser la pâte en un rectangle au moins 2 fois plus large et un peu plus long que le morceau de porc (environ 30 x 50 cm). Prélever et réserver une bandelette de pâte sur la largeur. Etaler la chair à saucisse sur les 2/3 de la surface du rectangle en laissant les bords libres. Poser le porc au centre. Humidifier et ramener les bords de la pâte vers le centre pour envelopper entièrement le porc. Appuyer et sceller les bords. Dorer la pâte à l'oeuf battu et poser la bandelette de réservée pour former un "chapeau". Ajouter quelques incisions décoratives sur le dessus et orner de chutes de pâte. On peut préparer le kassler et le conserver au frais pour le faire cuire plus tard. Préchauffer le four à 220°C (thermostat 7). Mettre le kassler à dorer 10 à 15 minutes; baisser le four à 180°C (thermostat 4) et faire cuire encore 1 heure.

Kougelhopf

POUR 6 À 8 PERSONNES
500 g de farine de blé
1 cuillerée à café de sel
4 cuillerées à soupe de sucre
1 sachet de levure sèche ou 15 g de levure fraîche de boulanger
200 ml de lait tiède
2 oeufs entiers
125 g de beurre ramolli mais pas fondu
75 g de raisins de Corinthe ou de raisins sans pépins (rouler les grains dans la farine avant de les secouer dans la passoire)
autant d'amandes entières que de rayures sur le moule à kougelhopf
sucre glace pour le glaçage

Mélanger la farine, le sel, le sucre et la levure sèche (ou dissoudre la levure fraîche dans un peu de lait tiède et verser dans le reste du lait). Mélanger le lait et les oeufs et verser le tout sur la farine. Ajouter le beurre et pétrir soigneusement jusqu'à ce que la pâte se détache des doigts (elle doit rester souple). Placer la jatte dans un sachet de plastique alimentaire et laisser la pâte doubler de volume (1 à 1 heure et demie à température ambiante).

Pétrir de nouveau la pâte et incorporer les raisins farinés. Beurrer un moule à kougelhopf de 1,75 l et poser une amande dans chaque rayure. Poser la boule de pâte dans le moule en appuyant pour qu'elle garnisse toutes les rayures. Laisser lever à température ambiante.

Préchauffer le four à 180°C (thermostat 4). Lorsque la pâte atteint le bord du moule, mettre 40 à 45 minutes au four. Démouler et laisser refroidir sur grille. Saupoudrer de sucre glace. On obtient un excellent dessert en faisant dorer les tranches de kougelhopf au beurre pour les servir avec une crème anglaise. (Voir photo ci-dessus).

Salade de mâche des vignes au foie gras de canard

(Photographiée à gauche)

Cette somptueuse entrée de Michel Husser, chef de l'Hostellerie du Cerf à Marlenheim, utilise la mâche sauvage qui pousse dans toute l'Alsace entre les ceps de vigne.

POUR 6 PERSONNES
POUR LA VINAIGRETTE
3 cuillerées à soupe de vinaigre balsamique
1 cuillerée à soupe de jus de citron
1 cuillerée à soupe de vinaigre de xérès
5 cuillerées à soupe de fond de volaille
225 ml d'huile d'olive
sel et poivre noir du moulin

POUR LA SALADE
1 cuillerée à soupe d'huile d'olive
1 échalote hachée fin
300 g de champignons sauvages (chanterelles, trompettes des morts, cèpes) parés et émincés
300 g de mâche
350 g de foie gras

POUR LA GARNITURE DE TRUFFES *(facultatif)*
15 g de truffe
100 ml de porto
100 ml de cognac
100 ml de fond de veau

Mélanger les ingrédients de la vinaigrette au robot. Hacher et faire cuire la truffe 5 à 6 minutes à feu doux dans le porto, le cognac et le fond de veau.

Dans une casserole à feu doux, faire suer l'échalote dans l'huile. Ajouter les champignons. Couvrir et laisser les champignons rendre leur jus 5 minutes à feu doux. Augmenter le feu et faire réduire à découvert. Arroser avec 2 à 3 cuillerées à soupe de vinaigrette.

Assaisonner la mâche avec la vinaigrette et répartir les feuilles sur 6 assiettes. Poser un dôme de champignons au centre de chaque assiette. Détailler le foie gras en 6 tranches ; saler et poivrer. Dans une poêle anti-adhésive, faire raidir le foie gras à feu vif (compter 1 minute par face). Disposer les tranches sur la salade. Garnir de truffe hachée et arroser la salade de jus de cuisson. Servir immédiatement.

SALADE VIGNERONNE

Autrefois, cette riche et robuste salade précédait la choucroute garnie. Aujourd'hui, les appétits étants moins gros, elle est parfaite en plat unique. Le cervelas alsacien, déjà cuit, est un cervelas à base de boeuf et de porc, légèrement fumé et façonné en petites saucisses courtes et trapues.

POUR 6 PERSONNES
POUR LA VINAIGRETTE
1 cuillerée à soupe de moutarde
300 ml d'huile
100 ml de vinaigre
1 oeuf dur écalé
sel et poivre noir du moulin

POUR LA SALADE
6 petits cervelas alsaciens
3 échalotes hachées fin
300 g de gruyère grossièrement râpé
cornichons ou radis hachés
assortiment de feuilles de salade : feuille de chêne verte ou rouge, romaine, lollo rossa et pissenlit
1 beau bouquet de persil haché
6 tomates en quartiers pour la garniture

Fouetter la moutarde, l'huile, le vinaigre, le jaune d'oeuf dur, le sel et le poivre pour obtenir une émulsion lisse.

Peler et détailler les cervelas en bâtonnets ou en tranches. Mélanger l'échalote, le gruyère, le blanc d'oeuf haché et les cornichons ou les radis en mouillant avec un peu de vinaigrette. Assaisonner la salade avec la vinaigrette et répartir les feuilles sur 6 assiettes. Ajouter le cervelas et le mélange à base de gruyère. Garnir de persil haché et de quartiers de tomates.

AUMÔNIÈRES DE CHAMPIGNONS ET D'ESCARGOTS, SAUCE CIBOULETTE

En Alsace, les nombreux immigrants originaires du Maghreb ont introduit certains de leurs produits en cuisine comme les feuilles de brik utilisées dans cette recette.

POUR 6 PERSONNES
1 échalote hachée fin
2 gousses d'ail écrasées
1 cuillerée à soupe d'huile
350 g de champignons émincés ou en quartiers
300 ml de crème fraîche
3 douzaines d'escargots en boîte (calibre moyen)
150 ml de bouillon de volaille
150 ml de vin blanc sec
6 feuilles de brik ou 6 crêpes de 20 cm de diamètre
huile
ciboulette hachée à volonté
sel et poivre noir du moulin

Dans une poêle, faire suer l'échalote et l'ail dans l'huile sans laisser prendre couleur. Ajouter les champignons. Saler et poivrer. Couvrir et laisser les champignons rendre leur jus (compter 10 minutes). A feu vif, faire réduire le jus à découvert. Incorporer 3 à 4 cuillerées à soupe de crème fraîche. Réserver. Rincer les escargots à grande eau et les pocher 10 minutes dans le bouillon et le vin avec du sel et du poivre. Egoutter en réservant le jus de cuisson ; mettre les escargots avec les champignons.

Préchauffer le four à 200°C (thermostat 6). Poser un dôme de farce aux escargots au centre de chaque feuille de brik (ou crêpe). Relever les bords pour former des ballots et poser les ballots à l'envers sur la tôle de cuisson huilée. Mettre à dorer 10 à 12 minutes au four.

Pendant ce temps, préparer la sauce : faire réduire le jus de cuisson des escargots de moitié. Au fouet, incorporer le reste de la crème fraîche. Hors du feu, ajouter la ciboulette.

Harengs marinés à la crème

Au Moyen Age, les bateaux qui empruntaient le Rhin pour aller livrer le vin d'Alsace aux Pays-Bas revenaient chargés de harengs. Pendant des siècles, ce poisson a tenu une grande place dans l'alimentation des Alsaciens. Le mariage de pommes et de poisson dans une marinade crémeuse mais relevée illustre bien le goût des Alsaciens pour l'aigre-doux. Servez ces harengs avec de belles tranches de pain de campagne et des pommes de terre nouvelles en robe des champs.

POUR 4 À 6 PERSONNES
400 g de filets de harengs marinés
lait pour faire macérer les harengs
2 petits oignons en fines rondelles
½ pomme granny smith, épépinée et émincée fin
100 ml de vinaigre de vin blanc
200 ml de crème fraîche ou de crème sûre
poivre noir du moulin

Séparer et mettre les filets de hareng dans un grand plat. Couvrir de lait et faire dessaler plusieurs heures. Egoutter et essuyer les filets avec du papier absorbant. Etaler une couche de hareng dans une petite terrine. Poivrer, ajouter un peu d'oignon et de pomme. Etaler une autre couche de hareng et continuer ainsi en alternant les couches jusqu'à épuisement des ingrédients. Arroser le tout de vinaigre et de crème.
Couvrir et laisser mariner au moins 24 heures. Au réfrigérateur, ces harengs se conservent jusqu'à 5 jours.

Quiche aux champignons à l'Alsacienne

Autre spécialité des winstubs, cette quiche est parfaite en plat unique avec une petite salade. Le jambon, fumé ou non, apporte une note relevée. Délicieuse herbe d'été, l'estragon peut être remplacé en hiver par de la muscade.

POUR 6 À 8 PERSONNES
Pour la pâte
200 g de farine de blé
50 g de beurre
50 g de margarine
1 pincée de sel

Pour la garniture
25 g ½ beurre
2 échalotes hachées fin
2 tomates pelées, épépinées et concassées
450 g de champignons émincés
2 cuillerées à soupe d'estragon haché
ou ½ cuillerée à café de muscade en poudre
250 ml de crème fraîche
100 ml de lait
3 oeufs
100 g de jambon cuit ou cru fumé en dés (facultatif)
sel et poivre noir du moulin

Préparer la pâte avec la farine, le sel, le beurre, la margarine et un peu d'eau. Envelopper la boule dans du plastique alimentaire et réserver au frais.
Dans une grande sauteuse, faire suer l'échalote dans le beurre sans laisser prendre couleur. Augmenter le feu, ajouter les tomates et laisser évaporer le jus en remuant bien. Ajouter les champignons. Saler, poivrer et parfumer avec l'estragon (ou la muscade).

Couvrir et laisser mijoter 10 minutes à feu doux pour que les champignons rendent leur jus. A feu vif, faire réduire le jus à découvert. Laisser refroidir. Mélanger la crème, le lait et les oeufs. Incorporer le mélange à base de champignons et le jambon (facultatif) en mélangeant bien. Rectifier l'assaisonnement et réserver au frais.
Préchauffer le four à 200°C (thermostat 6) en laissant la tôle de cuisson à l'intérieur pour la faire chauffer. Abaisser la pâte et foncer un moule à tarte à fond amovible

Recettes

POUR 4 À 6 PERSONNES

POUR LA PÂTE
200 g de farine de blé
100 g de beurre doux en parcelles

POUR LA GARNITURE
450 g d'oignons émincés fin
50 g de beurre
1 pincée de noix muscade
2 cuillerées à soupe de farine
150 ml de crème fraîche
150 ml de lait
3 oeufs entiers légèrement battus
sel et poivre noir du moulin
100 g de lardons (facultatif)

Dans une jatte, mélanger la farine et le beurre en émiettant bien le tout. Ajouter 7 cuillerées à soupe d'eau glacée et pétrir rapidement pour obtenir une boule souple. Envelopper dans du plastique alimentaire et mettre au frais.

Préchauffer le four à 200°C (thermostat 6). Abaisser la pâte et foncer un moule à tarte à fond amovible de 26 cm de diamètre. Dans une poêle, faire suer les oignons dans le beurre avec le sel, le poivre et la muscade (les oignons doivent fondre et dorer lentement sans roussir). Saupoudrer de farine et faire cuire 5 minutes en remuant bien. Sans cesser de remuer, ajouter la crème, le lait et amener à ébullition. Laisser mijoter 5 minutes à feu doux. Hors du feu, incorporer vivement les oeufs.

Verser la garniture sur le fond de pâte et parsemer de lardons (facultatif). Mettre 15 minutes en bas du four ou sur la tôle de cuisson chaude. Baisser la température à 180°C (thermostat 4) et placer la tarte à mi-hauteur. Laisser dorer encore 20 à 25 minutes.

TARTE À L'OIGNON

(Photographiée ci-dessus)

Cette recette Alsacienne classique se compose d'une crème dorée à l'oignon enrichie de farine, de lait, de crème et d'oeufs. Dans un four électrique, commencez toujours la cuisson des quiches en bas du four afin que la pâte soit bien dorée ou placez le moule sur la tôle de cuisson chaude.

de 26 cm de diamètre. Verser la garniture sur le fond de tarte et mettre le tout 15 minutes en bas du four sur la tôle de cuisson chaude. Poser la quiche sur la grille placée à mi-hauteur du four, baisser la température à 180°C (thermostat 4) et faire dorer encore 25 à 30 minutes.

TERRINE LÉGÈRE AU GEWURZTRAMINER

POUR 10 À 12 PERSONNES
450 g de poulet désossé sans la peau ou de filet de dinde
450 g d'échine de porc
1 gousse d'ail écrasée
1 oignon haché fin
1 échalote hachée fin
1 carotte grossièrement râpée
noix muscade du moulin
1 demi bouteille de gewurztraminer
ou autre vin blanc aromatique légèrement doux
fines herbes hachées à volonté :
persil, cerfeuil et ciboulette
150 g de chair à saucisse pur porc
1 bouquet garni
fines tranches de poitrine de porc
sel et poivre noir du moulin

La veille : au couteau, hacher finement le poulet et le porc. Mettre la viande dans une jatte avec l'ail, l'oignon, l'échalote, la carotte et la muscade. Saler et poivrer. Mouiller avec le vin en mélangeant bien. Couvrir et laisser reposer au frais au moins 12 heures mais pas plus de 24 heures.

Le jour même : égoutter la viande et réserver le jus. Mélanger les herbes et la chair à saucisse ; saler et poivrer. Disposer le bouquet garni au fond d'une terrine de 26 x 10 cm. Etaler les tranches de poitrine en réservant quelques tranches pour le dessus. Garnir la terrine en alternant les couches de chair à saucisse et de hachis mariné. Arroser avec la marinade. Terminer par les tranches de poitrine, 2 épaisseurs de papier d'aluminium et le couvercle.

Poser plusieurs feuilles de papier journal dans le plat à rôtir. Poser la terrine sur le papier et ajouter de l'eau jusqu'à 2 cm du haut de la terrine. Amener le bain-marie à ébullition sur le feu. Mettre à cuire 1 heure et demie à 2 heures au four. La terrine doit être ferme mais souple et se détacher des bords, le jus doit être clair. Laisser refroidir. Poser un poids sur le couvercle et mettre au frais jusqu'au moment de servir.

GRATIN DE POMMES DE TERRE ET CÉLERI AU VIN BLANC D'ALSACE

POUR 4 PERSONNES
2 oignons émincés
75 g de beurre
500 g de pommes de terre fermes, pelées et émincées
500 g de céleri-rave pelé et émincé
150 ml de vin blanc sec
150 ml de bouillon
sel et poivre noir du moulin

Préchauffer le four à 200°C (thermostat 6). Faire dorer les oignons dans une noix de beurre et les étaler avec les pommes de terre, le céleri et le beurre en parcelles dans un plat à gratin en salant et poivrant au fur et à mesure. Faire chauffer le vin et le bouillon et verser le tout sur le gratin. Mettre à gratiner 45 à 50 minutes au four.

CAILLES À LA VIGNERONNE

(Photographiées page suivante)

POUR 3 À 6 PERSONNES
6 cailles
6 fromages de chèvre frais de 15 g chaque ou 6 tranches de chèvre en bûche
15 à 25 g de beurre
1 à 2 cuillerées à soupe d'huile
2 échalotes hachées fin
200 ml de vin blanc sec (riesling)
2 cuillerées à soupe de marc d'Alsace ou de cognac (facultatif)
4 à 5 cuillerées à soupe de crème fraîche
150 g de raisin blanc, grains coupés en 2 et épépinés
sel et poivre noir du moulin
feuilles de vigne pour la garniture (facultatif)

Saler et poivrer l'intérieur et l'extérieur des cailles. Glisser un fromage dans chaque caille. Faire chauffer la moitié du beurre et 1 cuillerée à soupe d'huile dans une grande sauteuse. Faire dorer les cailles ; réserver au chaud.

Dans la sauteuse, faire suer les oignons sans laisser prendre couleur. Déglacer la sauteuse avec le vin et le marc ou le cognac. Remettre les cailles dans la sauteuse, amener à petite ébullition et faire frémir 10 minutes à feu très doux.

Réserver les cailles au chaud. Au fouet, incorporer la crème fraîche dans le jus de cuisson. Ajouter le raisin et réchauffer à feu doux. Disposer les cailles sur les assiettes individuelles, napper de sauce, garnir de feuilles de vigne et servir très chaud.

POULET AU RIESLING

(Photographié ci-contre)

Voici l'une des meilleures et des plus simples recettes d'Alsace. Elle est conçue pour un jeune coq tendre et goûteux, mais un bon poulet fermier fait aussi bien l'affaire. Ce plat est souvent servi avec des pâtes maison.

POUR 4 À 6 PERSONNES
1 poulet de 1,5 kg en 8 morceaux
farine
50 g de beurre
2 cuillerées à soupe d'huile
2 échalotes hachées fin
1 gousse d'ail écrasée
2 cuillerées à soupe de cognac ou d'eau-de-vie
(facultatif)
250 ml de vin blanc sec (riesling)
250 ml de bouillon de volaille
1 bouquet garni
100 ml de crème fraîche
150 g de champignons émincés
sel et poivre noir du moulin

Saler, poivrer et fariner les morceaux de poulet. Dans une cocotte, faire dorer le poulet dans la moitié du beurre et de l'huile. Ôter la viande de la cocotte et faire suer l'échalote et l'ail dans la graisse. Flamber au cognac. Remettre le poulet dans la cocotte avec le vin, le bouillon et le bouquet garni. Couvrir et laisser mijoter 40 à 45 minutes à feu doux pour que la viande soit cuite à point. Réserver les morceaux de poulet au chaud. Faire réduire le jus de cuisson de moitié. Au fouet, incorporer la crème fraîche et laisser mijoter encore 5 minutes. Dorer les champignons dans le reste du beurre et de l'huile. Remettre le poulet dans la sauce, ajouter les champignons. Remuer et réchauffer avant de servir.

PÂTES MAISON

(Photographiées ci-contre)

Seules ou avec du poisson, de la volaille ou de la viande, les Alsaciens adorent les pâtes. Ils les préparent souvent eux-mêmes, les baptisant avec fierté "salbschtg'machti Nüdle" (nouilles maison). Pour la pâte, il est plus facile de travailler au robot.

POUR 6 PERSONNES
3 oeufs légèrement battus
300 g de farine de blé
1 cuillerée à café de sel
quelques gouttes d'huile si nécessaire

Pétrir les oeufs, la farine et le sel pour obtenir une pâte souple et élastique en ajoutant un peu d'huile si nécessaire. Laisser reposer au moins 1 heure dans du plastique alimentaire. Sur une planche farinée, abaisser la pâte aussi fin que possible en un grand rectangle. Fariner généreusement toute la surface de l'abaisse et rouler la pâte sur elle-même pour obtenir un boudin. Découper le boudin en formant des rubans de la largeur voulue. Séparer les rubans sur la planche farinée. Faire cuire les pâtes 2 à 3 minutes dans l'eau salée bouillante. Pour la touche traditionnelle, faire dorer une poignée de pâtes crues dans l'huile chaude. Garnir les pâtes cuites de pâtes frites au moment de servir.

Tarte aux raisins et aux noix

(Photographiée ci-dessus)

On sert cette tarte au moment des vendanges, saison du raisin et des noix.

POUR 6 PERSONNES
1 kg de muscat ou de chasselas épépiné
2 cuillerées à soupe de marc d'Alsace
ou autre eau-de-vie
75 g de sucre

POUR LA PÂTE
200 g de farine de blé
100 g de beurre demi-sel en parcelles
100 g de noix ou d'amandes en poudre
5 cuillerées à soupe de lait
5 cuillerées à soupe de crème fraîche
3 oeufs
sucre glace (facultatif)

Faire macérer le raisin dans le marc et le sucre pendant plusieurs heures.
Dans une jatte, mélanger la farine et le beurre. Ajouter 7 cuillerées à soupe d'eau glacée et pétrir pour obtenir une boule souple. Laisser reposer au frais.
Préchauffer le four à 200°C (thermostat 6).

Abaisser la pâte et foncer un moule à tarte de 26 cm de diamètre ou 6 moules à tartelette. Piquer le fond de tarte à la fourchette, lester avec du papier d'aluminium et des haricots secs et faire cuire 7 à 10 minutes au four. Oter les haricots et l'aluminium et remettre 3 à 5 minutes au four.
Garnir le fond de tarte de poudre de noix. Egoutter le raisin, réserver le jus et disposer les grains sur la poudre de noix. Au fouet, mélanger le lait, la crème et les oeufs au jus du raisin. Napper le raisin avec cette mousse. Mettre à dorer au four, 15 à 20 minutes pour les tartelettes, 30 à 35 minutes pour la tarte. Laisser refroidir sur grille et saupoudrer de sucre glace.

SOUPE DE PÊCHES DE VIGNE AU MUSCAT ET À LA MENTHE

(Photographiée page précédente)

Les pêches de vigne sont de petites pêches à chair rouge très parfumée qui poussent dans les vignobles. On peut les remplacer par des nectarines ou des pêches ordinaires en comptant un fruit coupé en deux par personne.

POUR 6 PERSONNES
12 pêches de vigne ou 6 pêches ordinaires
ou 6 nectarines
125 ml de muscat d'Alsace
1 orange, zeste et jus
1 citron, zeste et jus
75 g de sucre
quelques brins de menthe
1 poignée de fraises des bois (facultatif)

Couvrir les pêches d'eau bouillante, faire pocher 1 à 2 minutes et égoutter. Peler, couper et dénoyauter les fruits. Etaler les pêches sur une seule épaisseur dans une grande coupe en prévoyant assez de place pour le sirop. Arroser de muscat, de jus d'orange et de citron. Faire mijoter 300 ml d'eau, le sucre, la menthe (réserver un brin pour la garniture) et quelques copeaux de zeste d'orange et de citron pour faire dissoudre le sucre. Couvrir les pêches de sirop bouillant et laisser infuser toute la nuit. Décorer de feuilles de menthe et servir bien frais avec des fraises des bois.

GÂTEAU AU CHOCOLAT DU SOMMELIER

Ce voluptueux gâteau au chocolat, de la Wistub du Sommelier à Bergheim, doit toute sa richesse à la qualité de son chocolat (au moins 51% de cacao).

POUR 8 À 10 PERSONNES
POUR LA GÉNOISE
4 oeufs entiers
175 g de sucre
50 g de farine tamisée
100 g de beurre
100 g de chocolat noir de qualité supérieure
2 cuillerées à soupe de cointreau ou de grand marnier

POUR LA GANACHE
100 g de chocolat noir de qualité supérieure
100 ml de crème fleurette
grains de café, copeaux de chocolat ou fraises des bois pour la décoration

Préchauffer le four à 180°C (thermostat 4). Beurrer et fariner les parois d'un moule à gâteau à ressort de 22 cm de diamètre et chemiser le fond avec un disque de papier sulfurisé. Fouetter les oeufs et le sucre jusqu'à ce que la mousse triple de volume. Tamiser et, au fouet, incorporer délicatement la farine dans la mousse. Faire fondre le beurre et le chocolat au bain-marie en remuant pour obtenir une crème lisse. Incorporer le chocolat fondu en filet dans la mousse à base d'oeufs en remuant bien. Verser le tout dans le moule et mettre 35 minutes au four (la pointe du couteau doit ressortir propre). Laisser refroidir 5 minutes sur grille et arroser de cointreau ou de grand marnier. Laisser refroidir et démouler (la génoise va s'affaisser légèrement).
Pour la ganache: faire fondre le chocolat et la crème au bain-marie. Laisser refroidir. Lisser le chocolat fondu au fouet. Napper le gâteau de ganache et décorer avec quelques grains de café, des copeaux de chocolat ou des fraises des bois.

CONFITURE DE QUETSCHES D'ALSACE AUX NOIX ET À LA CANNELLE

POUR 4 À 5 BOCAUX
1 kg de quetsches coupées en 2 et dénoyautées
1 jus de citron
800 g de sucre cristallisé
1 bâton de cannelle
200 h de noix grossièrement hachées

Mettre les quetsches dans une bassine à confiture à feu doux avec le jus de citron, le sucre et la cannelle. Amener à ébullition, verser le tout dans une jatte et laisser reposer une nuit. Remettre les fruits dans la bassine et amener à ébullition. Hors du feu, écumer la purée. Attendre le retour de l'ébullition. Jeter la cannelle et ajouter les noix. Verser la confiture bouillante dans les bocaux et fermer immédiatement.

76 *La route des Vins*

(A l'extrême droite) Epis de maïs
mis à sécher sur le mur d'une vieille grange
dans un petit village rural du Sundgau.
(A droite) Assortiment de pains et
de kougelhopfs de monsieur Ruf,
boulanger du Sundgau.
(Ci-dessous) Paysage caractéristique
du Jura alsacien, près de la frontière suisse :
au premier plan, le village de Kiffis ;
au fond, Roggenburg en Suisse.

Le Sundgau et la plaine du Rhin

(En bas) Détail du riche décor de l'hôtel de ville de Mulhouse. L'inscription renvoie au "klapperstein" ("pierre des bavards"), pierre sculptée en forme de masque que les individus médisants devaient porter autour du cou tandis qu'ils parcouraient la ville à dos d'âne, assis à l'envers sur la bête. (Ci-dessous) Appétissant éventail de fromages au Bouton d'Or, sur la place de la Réunion à Mulhouse.

Le Sundgau, "pays du Sud", est un petit coin très spécial de l'Alsace. Au temps de Charlemagne, le duché d'Alsace du Saint Empire romain germanique était divisé en deux comtés, le Nordgau et le Sundgau. Après la Révolution et la création des départements français, le pays du Nord fut baptisé "Bas-Rhin" et le pays du Sud "Haut-Rhin". Bien que l'ancien nom n'ait plus aucune signification officielle, le Sundgau demeure une entité vivace aux limites certes plutôt vagues, mais bien connues de tous les Alsaciens. Aujourd'hui, la région couvre approximativement les territoires qui s'étendent du sud de Mulhouse jusqu'aux premiers reliefs du Jura et à la frontière suisse.

Terre rurale, terre d'abondance, où l'on trouve encore des guérisseurs et des sourciers, mais aussi des frontaliers qui travaillent en Suisse, le Sundgau offre un paysage vallonné encadré par l'horizon plus élevé des Vosges au nord et du Jura au sud. Les majestueuses forêts où les arbres feuillus voisinent avec les résineux alternent avec les vergers et les pâturages ; les étangs artificiels ponctuent la campagne et les rivières et les torrents divisent le territoire en vallées successives. Les cigognes nichent sur les toits, les hérons dressent leur silhouette au milieu des champs et les buses tournoient dans le ciel.

Au cours de l'histoire, le Sundgau a été gouverné par les ancêtres de sainte Odile (sainte patronne d'Alsace), les comtes de Ferrette et les Habsbourg ; pour sa direction spirituelle, le comté dépendait des diocèses de Strasbourg et de Bâle, en Suisse. A la fin de la guerre de Trente Ans, le traité de Westphalie força les Habsbourg à céder de nouveau la place aux comtes de Ferrette, et le Sundgau fut progressivement repeuplé, notamment par des colons venus de Suisse. Au XVIIIe siècle, la stabilité politique favorisa le développement de l'agriculture et l'établissement de plusieurs importantes communautés juives alors que les immigrants venaient d'Allemagne, de Hongrie et de Pologne. A Mulhouse, l'industrie drapière qui devait transformer la ville en grand centre industriel français naissait.

La proximité de la Suisse a certainement influencé le caractère actuel de la région, mais le Sundgau est demeuré le recoin charmant qu'il était avant l'avènement des voies de communications. Aujourd'hui, il y fait bon séjourner pour pratiquer la randonnée, la bicyclette ou l'équitation en admirant les ravissantes maisons à

(En haut) Jean-Marie Heine, du Bouton d'Or, présente un extraordinaire plateau de munsters. On pense que le munster fut introduit par les moines irlandais qui s'installèrent dans les Vosges au IXe siècle. Ce fromage moelleux, à croûte orangée, possède un parfum caractéristique et un goût crémeux. Il doit sa couleur au Bacterium linens, bactérie naturellement présente dans les caves où il est affiné; et malgré son arôme fort relevé, le munster a un goût étonnamment doux. (Ci-dessus) Fromages de chèvre et langres sur des assiettes en poterie alsacienne.

colombage multicolores qui ont été minutieusement restaurées pour retrouver leur splendeur d'antan. En chemin, on dégustera la carpe frite, le plat le plus renommé du Sundgau, dont les routes ont été récemment classées Site remarquable du goût par le Conseil national des arts culinaires.

MULHOUSE

Le nom de Mulhouse et ses armes, une roue de moulin, évoquent une époque où la ville possédait de nombreux moulins à eau et jouissait d'une grande prospérité industrielle. Après de nombreuses années de marasme, elle connaît actuellement une sorte de renaissance et le centre a fait peau neuve. Célèbre pour ses remarquables musées - musées de l'Automobile et du Chemin de Fer à la périphérie, musée de l'Impression sur étoffes et le charmant musée Historique dans le centre - et pour sa population cosmopolite, Mulhouse ne possède sans doute pas la richesse architecturale historique de Strasbourg ou de Colmar, mais cette ville de contrastes n'est pas dénuée d'intérêt.

Le samedi matin, le marché constitue une excellente illustration du mélange de cultures qui cohabitent à Mulhouse aujourd'hui. Sous les halles couvertes et sur la place, les fermières des Vosges vendent du munster et des oeufs coude à coude avec des Africains du Nord dont les étals croulent sous les tas de menthe, de coriandre fraîche, de poivrons et de piments multicolores ou de fruits plus exotiques les uns que les autres. Bien qu'il s'agisse d'une institution fort ancienne, le caractère du marché a évolué au cours des années avec l'arrivée de nouveaux immigrants.

Au printemps et à l'automne, la place de la Réunion est le théâtre d'une grande foire aux étoffes en plein air et les tables à tréteaux disparaissent sous les tissus richement décorés qui rappellent le glorieux passé manufacturier de la ville. Au coin de la place, une haute bâtisse jaune abrite le célèbre Bouton d'Or, fromagerie qui fournit ses succulents fromages à une clientèle fort dispersée. A côté, la pâtisserie Jacques est sans doute la plus fameuse de Mulhouse ; et de l'autre côté de la place se dresse la succursale de La Charcuterie Alsacienne (ou CCA), excellente boucherie-charcuterie qui possède dans toute l'Alsace des boutiques à l'intérieur joliment décoré de lambris clair orné de motifs floraux traditionnels. On prépare en Alsace les charcuteries les plus fines et les plus variées de France. La CCA emballe ses produits dans une solide boîte en carton au décor de la boutique pour ceux qui souhaitent les offrir à leurs amis.

Pour les achats, rien ne vaut la rue du Sauvage. Lors de l'annexion de l'Alsace, on donna un nom allemand à toutes les rues et celle du Sauvage fut baptisée Adolf-Hitler Strasse, un événement dont les Mulhousiens apprécièrent l'ironie involontaire. Aujourd'hui, on y trouve Les Petites Halles, qui vendent des fruits exotiques, des légumes, des herbes, du pain et du fromage, et Au Bon Nègre, excellent cafetier dont les arômes de café fraîchement moulu embaument jusque dans la rue.

A la Saint-Nicolas, les boulangers de Mulhouse préparent les schnacklas, petits pains qui sont à la ville ce que les männalas sont ailleurs en Alsace. A base de pâte

Le Sundgau et la plaine du Rhin 79

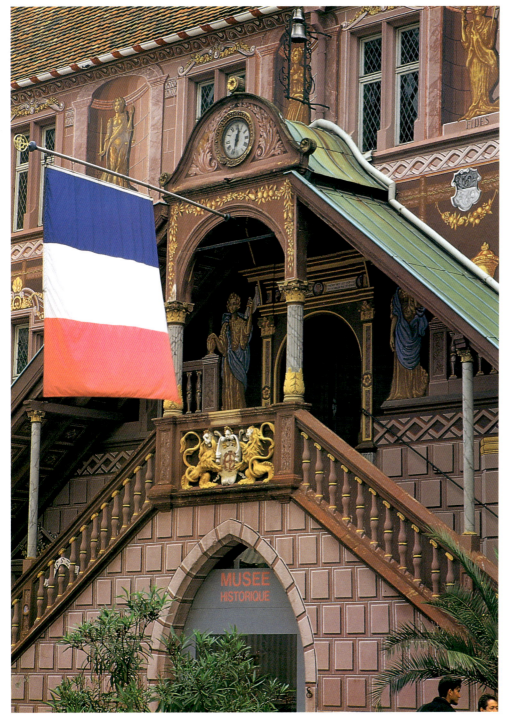

(A gauche) Le "bleu-blanc-rouge" s'affiche
fièrement devant l'hôtel de ville de Mulhouse.
Résolument protestante et plus suisse
que française de caractère, la ville demeura
longtemps république indépendante.
Le 15 mars 1798, elle proclamait
son rattachement à la France, déposait
les armes et remplaçait sa bannière par
le drapeau tricolore.
(En haut) Cette belle demeure parfaitement
restaurée se dresse près de la pâtisserie Jacques,
place de la Réunion à Mulhouse.
(Ci-dessus) La pâtisserie Jacques vend
des streussels, mais aussi des savarins,
des croissants, des pains au chocolat,
des brioches et des chaussons aux pommes.

LA CARPE FRITE

Un simple regard à la carte du Sundgau révèle la présence de quantité d'étangs dont l'eau provient de l'immense réserve souterraine de sources naturelles. C'est dans ces eaux calmes que vit la carpe placide. On ne sait trop ni quand ni comment la carpe devint une des caractéristiques du Sundgau. Les premiers colons juifs qui arrivèrent dans la région au XVIIIe siècle (ils avaient le droit de travailler en Suisse mais devaient être rentrés dans le Sundgau au coucher du soleil) auraient introduit le poisson, mais aussi leurs connaissances en matière de cypriculture et de préparation de la carpe. Aujourd'hui, la carpe fait partie intégrante de la gastronomie locale. On coupe généralement le poisson en darnes, plus rarement en filets, que l'on roule dans de la semoule de blé tendre comme pour les paner avant de les faire frire à la poêle ou à la friteuse. Les restaurateurs du Sundgau servent la carpe frite - en généreuses portions - avec des pommes de terre, frites ou vapeur, des rondelles de citron et une belle salade verte.

(En haut) Ce joli pont de pierre conduit à la chapelle Saint-Brice près de Hausgauen.
(Milieu gauche) Les propriétaires de la ferme-auberge du Paradisvogel de Bernwiller servent des plats simples et font cuire leur pain dans un four à bois.
(Milieu droite) Le canal Rhône-Rhin, qui relie les deux fleuves, traverse le Sundgau.
(A gauche) De nombreuses fermes du Sundgau vendent leurs produits sur place.

riche légèrement sucrée, les schnacklas ("petits escargots" en dialecte local) sont façonnés en spirale, un peu comme un "S" renversé. Pour les bretzels, les Mulhousiens vont chez Roland dans la rue des Puits, derrière La Filature, spectaculaire centre artistique à l'architecture moderne, ou Au Bretzel Chaud dans la rue du Sauvage. Et pour la bière, accompagnement incontournable du bretzel, la très typique Brasserie Gambrinus, rue des Franciscains, propose jusqu'à trente variétés à la pression et plus d'un millier de bières en bouteille.

Les winstubs du centre-ville ne se soucient apparemment pas de la concurrence et toutes offrent la même sélection de plats alsaciens typiques : fleischschnacka, lawerknapfla, choucroute et tarte à l'oignon. Le décor de bistrot et l'atmosphère du Petit Zinc sont des plus agréables ; le joli Hôtel du Parc, au style Art Déco, possède un restaurant et un bar animé ; et l'on peut pousser jusqu'à Riedesheim, dans la banlieue, pour ses deux bons restaurants, La Poste et La Tonnelle.

Au sud-ouest de Mulhouse, le monastère de Notre-Dame d'Oelenberg, près de Reiningue, mérite également le détour. Dans la boutique de la petite communauté, les moines trappistes vendent leurs fromages, les produits de leur potager, le miel de leurs ruches, la farine du moulin du couvent et des nouilles maison particulièrement goûteuses.

Fidèle à son image rurale, le Sundgau possède également un certain nombre de foires agricoles animées. L'Altbürafascht (la foire des fermiers d'antan) de Bernwiller, la plus intéressante, célèbre en septembre l'origine paysanne du village : on moissonne et on bat le blé à l'ancienne ; les antiques tracteurs des années cinquante convergent vers le village ; le cortège de paysans vêtus du costume traditionnel du Sundgau parade dans les rues ; on consomme des montagnes de choucroute et la musique résonne. Les habitants de Bernwiller ont été surnommés "paradisvogels", oiseaux de Paradis. L'origine du nom est mal connue, mais c'est celui d'une excellente ferme-auberge située dans la rue principale du village qui sert des plats régionaux, des nouilles maison et du pain cuit au four à bois.

ALTKIRCH ET LES TROIS VALLÉES

CAPITALE du Sundgau, Altkirch est une petite bourgade qui semble somnoler tranquillement à l'intérieur de ses remparts juchés sur une colline au-dessus de l'Ill. Une fois par an, en novembre, la ville s'éveille avec la foire de Sainte-Catherine qui envahit toutes les places et les ruelles. Jadis immense foire aux bestiaux et, par tradition, foire aux mariages puisque sainte Catherine est la patronne des célibataires, elle n'a plus rien aujourd'hui de particulièrement rural. En revanche, sainte Catherine n'a pas sombré dans l'oubli et, à cette époque, on célèbre en Alsace comme dans toute la France les Catherinettes, jeunes filles célibataires de vingt-cinq ans qui doivent passer la journée sous un spectaculaire couvre-chef confectionné par leurs amis.

Au sud d'Altkirch, trois vallées rythment le paysage: la Largue, l'Ill et le Thalbach,

chacune portant le nom de la rivière qui serpente paresseusement dans son lit. La vallée de la Largue est au coeur du pays de la carpe frite où abondent les étangs. Le village de Hindlingen en compte une soixantaine, étangs privés ou appartenant à des pisciculteurs professionnels, pour quatre cents habitants. C'est au restaurant Le Soleil (chez Wadel), dans le bourg voisin d'Ueberstrass, que l'on déguste certaines des meilleures carpes frites du Sundgau. Madame Wadel accueille chaleureusement les convives, tandis que monsieur roule les darnes dans la semoule en respectant la tradition séculaire avant de les faire frire pour les servir croquantes à souhait avec une montagne de pommes frites, des quartiers de citron et une petite salade verte bien croquante parfumée de fines lanières d'oignon. Le paysage aquatique de la vallée de la Largue convient également aux escargots que monsieur Gissinger, membre du Sundgau Terroir, élève dans ses escargotières de Hindlingen afin d'en garnir les choux, les quiches et autres gourmandises aux escargots.

L'Ill traverse lentement les villages de Grentzingen et d'Oberdorf qui possèdent certaines des plus belles maisons à colombage des environs. Bordant en rang presque ininterrompu la rue principale, elles sont toutes perpendiculaires à la chaussée; la moindre fenêtre croule sous les géraniums; les cours sont immaculées et les petits jardins soigneusement entretenus. Les géraniums auront sans doute été achetés au marché qui se tient en mai à Durmenach, lorsque le village est envahi par les vendeurs de plants à repiquer, d'outils de jardin ou de matériel agricole, de fruits et de légumes de saison ou encore de cochonnailles diverses. Les bouchons sautent, la bière coule à flots et l'air se charge du parfum des tartes flambées et des saucisses grillées. Tout au sud de la route Romane, circuit touristique de création récente, Feldbach est un petit village dont la magnifique église romane du XIIe siècle a été intelligemment restaurée par une association amicale qui lui a rendu sa beauté simple et tranquille.

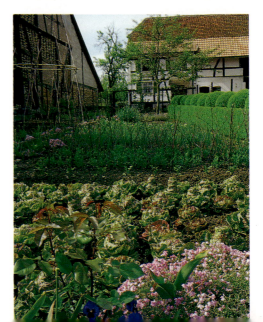

Dans une maison sundgauvienne traditionnelle complète avec sa cuisine et son office, le musée Paysan d'Oltingue expose des ustensiles et des costumes régionaux d'autrefois, parmi lesquels un ancien plat à baeckeoffe, avec sa courroie en fer et son verrou. Jadis, on emportait le plat garni de viande et de légumes chez le boulanger pour le faire cuire après l'avoir verrouillé afin que personne ne puisse en dérober le contenu. Oltingue possède également un gîte fort original, situé dans la rue principale, dont la couleur bleu vif évoque la maison de pain d'épice de la sorcière de Hansel et Gretel. L'Ill traverse également le village de Lutter, passant le long de l'Hostellerie Paysanne, l'un des meilleurs lieux de séjour du Sundgau. Annexe de l'Auberge Paysanne, ce bel édifice à colombage fut sauvé de la destruction et reconstruit sur son site actuel par madame Litzler, patronne des lieux.

La troisième vallée, celle du Thalbach, est particulièrement attrayante au printemps, lorsque fleurissent les cerisiers. Parmi les belles demeures d'Obermorschwiller, certaines sont dotées d'un appentis ressemblant à une véritable maisonnette sur pilotis avec son toit en "queues de castor" et ses murs crépis de la même teinte que le bâtiment principal. Il s'agit, en fait, du four à pain : l'intérieur de l'appentis est garni de briques réfractaires et une petite porte en fer permet d'y accéder depuis la cuisine

*(A droite) Maison fleurie de géraniums à Illhaeusern.
(Ci-dessous) Les saules pleureurs se mirent dans l'eau qui coule paresseusement dans les jardins de l'Auberge de l'Ill. Jadis, le poisson de la matelote d'Illhaeusern, plat vedette de ce restaurant trois étoiles, venait directement de la rivière. On faisait mijoter les anguilles, les brochets et les truites dans du riesling avant d'enrichir la sauce de crème et de jaunes d'oeuf. A droite, la maison du pêcheur est réservée aux jeunes mariés qui séjournent à l'auberge.*

LE PAIN AU FEU DE BOIS DE MONSIEUR RUF

Au début, M. Ruf construisait et réparait les vieux fours à pain et les poêles en céramique traditionnels du Sundgau. Il confectionnait bien du pain à partir de vieilles recettes de famille, mais juste "pour le plaisir". Aujourd'hui, il est boulanger et fait du pain paysan, du pain au levain et une demi-douzaine d'autres variétés. Dès minuit, il prépare les pâtes et les pétrit avant de les mettre à lever. Il se procure la farine (blé complet, seigle, épeautre et farine non blanchie) dans la région ou au moulin Kircher d'Ebersheim, près de Sélestat, et ajoute des graines de tournesol ou de lin, des flocons d'avoine ou des noix. Il n'utilise qu'un seul gadget - un petit minuteur suspendu au-dessus du four. Pour le reste, tout est authentique et les fours ne brûlent qu'au bois: frêne, noisetier, bouleau et charme. A midi, le pain est prêt et le boulanger fait la sieste. Dans l'après-midi, il s'installera dans sa camionnette pour aller livrer les fruits de son labeur.

Bernard Antony, maître fromager du Sundgau

Dissimulé dans l'un des coins les plus reculés du Jura alsacien, le village de Vieux-Ferrette abrite le Sundgauer Käskeller dont le propriétaire, Bernard Antony, est l'un des pionniers du fromage de ferme au lait cru. Maître fromager et membre de l'ordre des fromagers de la Confrérie de Saint-Uguzon, M. Antony est un ardent défenseur des techniques traditionnelles de fabrication du fromage au lait cru qui risquent de disparaître avec les nouveaux règlements de la communauté européenne. Il n'est pas fabricant mais affineur, c'est-à-dire qu'il reçoit les jeunes fromages de fabricants soigneusement sélectionnés dans toute la France - et ailleurs - et les élève pour qu'ils atteignent la perfection avant de les vendre au Käskeller ou dans son étal sur les marchés du Sundgau. Sur commande, le Käskeller organise également de véritables banquets de fromage.

pour alimenter le feu, étaler les braises et faire cuire le pain. Plus loin, vers la source, Michelbach-le-Haut mérite le détour pour sa foire du Pain le second dimanche de septembre. Dans cette commune à la tradition boulangère vivace, monsieur Ruf prépare de merveilleux pains de campagne. De l'autre côté de la vallée, à Muespach, Jean-Luc Wahl propose à La Marmite de délicieux plats de poissons de la région et d'ailleurs.

Le Jura alsacien

Tout contre la frontière suisse, le Jura alsacien désigne la partie la plus au sud du Sundgau. Les ruines spectaculaires du château et la vieille ville bien préservée de Ferrette s'accrochent à la pente abrupte au-dessus du centre-ville. A côté, Vieux-Ferrette est la base d'une organisation dynamique, le Sundgau Terroir, qui regroupe plusieurs fermiers locaux désireux de diversifier leurs activités traditionnelles et d'établir des liens directs avec le consommateur. C'est ainsi que, sur les petits marchés d'Altkirch et de Waldighoffen, dans leur boutique de Ferrette ou dans leurs fermes, ils proposent un bel assortiment de légumes et de fruits, d'asperges et de baies, de produits laitiers et de fromages de chèvre, en passant par le miel, les poulets et les oeufs, les préparations aux escargots, le pain paysan ou les fleurs et les plantes.

A l'Auberge du Vieux Moulin de Bendorf, Georges et Liliane Baudroux, membres du Sundgau Terroir, servent à leurs clients du foie gras, des terrines, des saucisses et des fromages de chèvre confectionnés par leurs soins. Sur la table du restaurant apparaissent aussi le chevreau, la pintade et la dinde rôtie, ou le pain de campagne de la boulangerie artisanale du village. Le Jura alsacien attire de nombreux randonneurs et cyclistes et les hostelleries ne manquent pas. En fin de semaine, l'Auberge du Morimont, bâtie au XVIIe siècle, est envahie par les amateurs de plats locaux que l'on doit souvent commander à l'avance. Au pied des collines du Jura, l'hôtel-restaurant du Petit Kohlberg réserve un panorama époustouflant sur la Suisse, un accueil chaleureux, une chère frugale et simple, à base de produits de la ferme. Et tout au bout d'un chemin forestier près d'Oltingue, la minuscule Auberge Saint-Brice tient son nom de la chapelle voué au saint du même nom. En été, le soir, la cour et les bancs installés sous un énorme châtaignier s'animent du brouhaha des convives qui viennent déguster le délicieux kougelhopf au lard ou l'un des meilleurs munsters de la région, ou encore d'autres spécialités, préparées sur commande, comme la tarte à l'oignon, le baeckeoffe et le coq au riesling sous le regard placide de l'âne Max qui observe la scène depuis sa hutte.

Le village de Lucelle est connu des bibliophiles amateurs de cuisine pour ses liens avec Bernard Buchinger, abbé de Lucelle et auteur du fameux Kochbuch publié à Molsheim en 1671. Ce témoignage du passé constitue un fascinant morceau choisi de l'histoire sociale et culinaire locale et l'on peut en admirer un exemplaire dans la bibliothèque de l'université de Strasbourg. Il ne reste pas grand chose de la jadis vaste et puissante abbaye cistercienne, mais, dans le petit "musée", une maquette donne une idée de

Le Sundgau et la plaine du Rhin   85

(A gauche) De Lucelle, dans le Jura alsacien,
on aperçoit Roggenburg en Suisse.
(En bas) L'hôtel de l'Auberge Paysanne
de Lutter est l'un des ravissants
lieux de séjour du Sundgau.
(Ci-dessous) La rue principale d'Oltingue,
village où se trouve le musée Paysan.

(Ci-dessus) Les fleurs sauvages prolifèrent dans les prés du Sundgau (ici, au coeur du Jura alsacien) où ne sévissent ni la charrue, ni les engrais artificiels. Ce paradis des randonneurs est ouvert à tous et il suffit d'emporter un panier bien garni de délices locaux pour jouir d'une inoubliable journée.

(A gauche) Dans le Sundgau, le four à pain attenant à la maison est juché sur une plate-forme ou sur pilotis. Depuis la cuisine, une petite porte permet d'alimenter le feu. Lorsque les braises sont chaudes, on les étale au râteau pour faire cuire le pain directement sur la pierre du four. En général, il s'agit d'une version du pain paysan à base de farine de blé et de seigle.

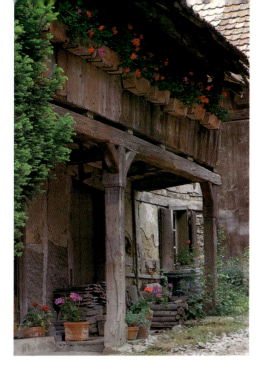

l'étendue des bâtiments et de l'influence de la communauté avant la Révolution.

Depuis Lucelle, la route, baptisée "Internationale Strasse", longe la frontière franco-suisse et la rivière Lucelle avant de reprendre son ascension dans les bois vers Kiffis. Aux abords de ce minuscule village, les belles maisons à colombage bleu et jaune appartiennent aux Walther, de la même famille que celle des propriétaires du restaurant du Cheval Blanc. On peut louer des chevaux pour faire une promenade sur les pistes cavalières des forêts et de la campagne merveilleuse qui entourent le village.

Malgré sa vocation agricole, le Sundgau n'est pas une région fromagère, mais quelques éleveurs fabriquent depuis peu du fromage de chèvre. Monsieur Fernex de Biederthal, membre du Sundgau Terroir, et la famille Wyss-Christen, de Leymen, vendent leurs fromages sur les marchés locaux, tant du côté français que suisse. En août, Hagenthal est le siège d'un grand rassemblement d'amateurs de fromages et de vin et les producteurs affluent de toute la France pour participer au salon des Vins et du Fromage où se pressent les visiteurs venus de la région, des environs de Bâle, voire d'Allemagne.

L'hôtel-restaurant Jenny, entre Hagenthal et Hégenheim, est un autre rendez-vous privilégié des habitants de Bâle. Depuis la salle à manger, on aperçoit la frontière suisse, et la brasserie sert de nombreux plats typiques. Le samedi à midi, c'est le jour du classique pot-au-feu à l'alsacienne que l'on sert avec tout un assortiment de salades et de crudités : radis, céleri, tomates, concombres, carottes et betteraves, et l'indispensable sauce au raifort bien relevée. Plus loin, à Buschwiller, la vieille école a été transformée en restaurant. Philippe Lacour, originaire des Vosges, et Elizabeth de Bournemouth, en Angleterre, se sont rencontrés alors qu'ils travaillaient en Dordogne. Ils proposent à La Couronne un heureux mélange de plats alsaciens, périgourdins et anglais : le confit de canard est servi avec la choucroute ; les tartes flambées sont garnies d'escargots et de saumon fumé; et les sorbets maison sont présentés dans de petites corbeilles au gingembre.

Pour les vins fins, il faut se rendre chez Freund et Fils, à Hegenheim, supermarché d'apparence fort banale où monsieur Freund n'hésite pas à déboucher une bonne bouteille pour la partager avec le client, certain que celui-ci ne partira pas sans en acheter une caisse. Au coin, aux Caves des Frères Grèder, Edgar Luttringer guide avec enthousiasme le client dans une dégustation des vins de la coopérative d'Eguisheim (Wolfberger) et autres bonnes bouteilles. A Hésingue, le moulin Jenny, ancienne propriété des puissants abbés de Murbach bâtie en 1379, fonctionne toujours. Il fournit le gros de la semoule utilisée dans la région pour la confection de la carpe frite et vend ses farines dans toute la région, notamment aux boulangers.

Enrichis par les fertiles alluvions du bassin rhénan, Huningue et Village-Neuf doivent leur notoriété aux jardins maraîchers qui, au printemps, foisonnent d'asperges. Les habitants du cru, et les gourmets suisses et allemands qui envahissent la région à cette époque, préfèrent la variété blanche que l'on obtient après avoir butté les pieds afin que les pointes restent blanches. En revanche, les grands chefs

La formation de la plaine du Rhin remonte à vingt-cinq millions d'année. A la suite de l'effondrement de la chaîne de montagnes qui devait donner naissance au massif des Vosges et à la Forêt Noire apparut un gigantesque fossé où coule désormais le Rhin. (Ci-dessous) Vue de la plaine en direction de l'ouest et des Vosges. (En bas) Vue vers l'est et la Forêt Noire.

privilégient de plus en plus l'asperge verte, qu'on laisse monter au-dessus du sol, ou violette, buttée de manière à ce que la pointe seule affleure du sol et prenne sa couleur. Certains restaurants, comme Biry à Village-Neuf, n'ouvrent qu'à la saison des asperges et ne servent que des asperges au jambon avec l'une des trois sauces incontournables : hollandaise, mayonnaise et vinaigrette.

LA PLAINE DU RHIN

LORSQU'ON laisse le Sundgau derrière soi, l'immense et fertile plaine alluviale offre un paysage très différent mais tout aussi exceptionnel. La forêt de la Hardt, située à l'extrémité sud, cède bientôt la place à une vaste plantation de maïs et de blé où trônent les systèmes automatiques d'arrosage dont l'envergure atteint la taille d'un terrain de football. Plus au nord, le Ried déploie ses prés humides, souvent inondés, au sol d'un beau brun presque noir, et ses villages comme Ohnenheim dont les fermes imposantes témoignent de l'importance séculaire de l'agriculture.

La plaine est également riche en gibier et l'on peut apercevoir une famille de sangliers traversant les champs en file indienne ou un chevreuil filant vers l'abri des bois ou des bosquets. En revanche, il est plus difficile de surprendre le poisson car les rivières sont peu accessibles : le Rhin, surnommé ici le "vieux Rhin", se cache au-delà du canal qui le longe presque sans interruption de Bâle à Strasbourg. L'Ill, vers l'ouest, est plus présente, mais elle déborde plusieurs fois par an.

Ce qui fut un havre de paix pour le gibier, les oiseaux migrateurs, les petits paysans ou les pêcheurs solitaires est hélas gravement menacé par le progrès. Après la Seconde Guerre mondiale, le fleuve s'est transformé en véritable décharge industrielle, et l'on a cessé d'y pêcher, tant en raison de la pollution que pour des questions de rentabilité. Pendant quelque temps, les seuls vestiges de cette jadis importante activité de pêcherie n'ont subsisté que dans l'écomusée d'Artolsheim, petite chaumière qui abrite une exposition permanente du mode de vie et des coutumes des pêcheurs du Ried. La plupart des rives fertiles du fleuve ont été bouleversées par l'agriculture industrielle; les terres inondables ont été asséchées, labourées et cultivées.

Cependant, à l'instigation d'un petit groupe d'écologistes, la plaine du Rhin est en train de retrouver quelque peu son visage initial. Les pêcheurs fréquentent de nouveau l'Ill et le Rhin, et le saumon est de retour. A Muttersholtz, on fabrique de la tomme des prés du Ried, délicat fromage à base du lait des vaches qui paissent dans les pâturages inondés des bords de l'Ill. Plus loin, la minoterie Kircher à Ebersheim, près de Sélestat, vend toute une gamme de farines moulues à la pierre. Ces efforts traduisent une volonté de protéger les produits et les techniques ancestrales, dans une mesure réduite, certes, mais qui constitue un espoir réel pour les défenseurs d'un mode de vie et d'un paysage exceptionnels.

(En bas) M. et Mme Vonarb fument et préparent certains poissons, comme l'anguille et l'écrevisse, sur commande.
(Ci-dessous) Les Vonarb interprètent la tourte alsacienne, généralement garnie de porc et de veau, avec des poissons du Rhin liés en une savoureuse mousseline et cuite dans de la pâte feuilletée.

Adrien Vonarb, pêcheur professionnel du Rhin

Un peu comme le saumon du Rhin, monsieur Vonarb appartient à une espèce qui avait presque disparu mais qui est en train d'amorcer son retour. En 1988, cet enthousiaste pêcheur à la ligne décida de faire de son passe-temps favori un véritable métier. Il acheta des filets, construisit des réservoirs pour stocker les poissons qu'il vend la plupart du temps vivants, et équipa une cuisine de manière à transformer ses proies en produits appétissants. Les bons jours, les filets posés le long du vieux Rhin ou du canal parallèle se chargent de sandres, de brochets, d'anguilles, d'écrevisses, de lottes de rivière, de brèmes et, bien sûr, de friture. Les jours sombres, lorsque la fonte des neiges en amont du fleuve n'apporte que de l'eau glacée et que les poissons restent tapis au fond du lit, le filet ne rapporte que feuilles et débris. M. Vonarb ne fait pas la différence entre les poissons nobles ou ordinaires : tous ont leur intérêt. Il vend du poisson frais aux grands chefs de toute la région et autres fidèles clients, et fume les anguilles, les truites et les carpes sur commande ; avec son épouse, il prépare également tout un éventail de tourtes, de terrines et autres délicieuses quiches de poisson que l'on peut se procurer dans plusieurs boutiques des environs.

L'Ancienne Forge

68220 HAGENTHAL-LE-HAUT, 68220 HEGENHEIM Tel 89 68 56 10

Il y a encore peu de temps, la maisonnette à colombage abritait l'atelier du forgeron du village. En 1985, elle fut sauvée de la ruine et transformée en restaurant par les Baumann qui peignirent les murs grossièrement chaulés de rose saumon chaleureux, garnirent les fenêtres de géraniums et de pétunias et engagèrent les services d'Hervé Paulus. Celui-ci décrit sa cuisine (auquel le restaurant doit sa récente étoile Michelin) comme "une cuisine du terroir créative, avec un petit bout du soleil". La carte des vins est courte mais bien choisie: les vins d'Alsace de Kaysersberg et d'Eguisheim voisinent avec quelques bonnes bouteilles du Bordelais, de Bourgogne et du Rhône.

Charlotte aux pointes d'asperges à la mousse de jambon

(Photographiée page suivante à gauche)

Hervé Paulus décline deux produits traditionnels d'Alsace dans une mousse crémeuse au jambon nichée dans une couronne de pointes d'asperges blanches et vertes. Prévoyez assez d'asperges en choisissant les plus fines pour chemiser les moules.

POUR 6 PERSONNES
1 kg d'asperges blanches parées
1 kg d'asperges vertes parées
2 cuillerées à café de sucre
3 feuilles de gélatine alimentaire ou
1 cuillerée et demie de gélatine en poudre
600 ml de crème fleurette
300 g de jambon cuit
100 g de jambon cru fumé en dés fins
2 cuillerées à soupe de xérès sec
sel et poivre noir du moulin

Couper les pointes d'asperges à 8 cm du haut. Amener 2 casseroles d'eau salée à ébullition. Ajouter 1 cuillerée à café de sucre par casserole et faire attendrir les pointes d'asperges 8 à 10 minutes dans une casserole. Egoutter, rafraîchir à l'eau claire et couper les pointes en tronçons de 4 cm de longueur. Attendrir les tiges dans la seconde casserole en comptant environ 15 minutes. Chemiser la tôle de cuisson de plastique alimentaire et disposer 6 emporte-pièce en aluminium de 8 cm de diamètre par-dessus (on peut utiliser des boîtes de thon vides dont on ôte le fond et le couvercle). Répartir les pointes d'asperges debout contre le bord des moules en alternant les couleurs.

Ramollir les feuilles de gélatine dans l'eau froide. Presser et mettre les feuilles dans une petite casserole avec 3 cuillerées à soupe de crème et faire dissoudre à feu doux. Au robot, hacher le jambon cuit. Sans arrêter le moteur, ajouter la gélatine crémée. Fouetter 500 ml de crème et incorporer à la purée de jambon avec les dés de jambon cru. Verser le tout dans les moules garnis d'asperges en lissant le dessus avec le dos d'une cuiller à café mouillée. Mettre plusieurs heures au réfrigérateur.

Sans mélanger les couleurs, réduire les tiges d'asperges en purée fine au robot en ajoutant la moitié du reste de la crème dans chaque

purée. Passer les purées à la passoire pour éliminer les fils. Saler et poivrer. Ajouter 1 cuillerée de xérès à chaque purée.

Pour servir : verser un peu de sauce de chaque couleur sur les assiettes. A la spatule, déposer les mousses sur la sauce. Oter les emporte-pièce.

TOURNEDOS DE LOTTE LARDÉ À LA COMPOTE D'OIGNONS AU ROUGE D'ALSACE

(Photographié ci-dessus à droite)

Cette délicieuse entrée originale d'Hervé Paulus marie les contrastes : lotte ferme et salée, compote fondante et sucrée. La crépine permet de conserver la forme du tournedos pendant la cuisson, mais elle n'est pas indispensable.

POUR 4 PERSONNES
1 queue de lotte pelée de 1 kg environ
1 carotte
1 oignon
1 bouquet garni
4 tranches de poitrine fumée découennée
1 tranche de crépine de porc (facultatif)
1 filet d'huile d'olive
900 g d'oignons nouveaux (ou échalotes) émincés
200 g de beurre doux
1 bouteille de vin rouge d'Alsace (pinot noir)
sel et poivre noir du moulin

Prélever les filets du poisson. Hacher et mettre l'arête centrale dans une casserole avec la carotte, l'oignon et le bouquet garni. Couvrir d'eau et laisser mijoter 30 minutes à feu doux. Filtrer le fumet au chinois dans la casserole et faire réduire à feu vif pour obtenir un demi-verre de liquide.

Détailler les filets en darnes. Saler et poivrer. Rapprocher les darnes par 2 ou 3 pour former 4 tournedos de 125 g chaque. Enrouler les tournedos de poitrine fumée et maintenir le tout avec des cure-dents ou de la crépine. Enduire d'huile d'olive et réserver au frais.

Pour la compote : faire fondre 50 g de beurre dans une casserole et faire suer les oignons 10 minutes sans laisser roussir. Saler et poivrer. Ajouter les 2/3 du vin et faire réduire à feu vif jusqu'à évaporation presque complète pour obtenir une compote fondante. Dans une autre casserole, faire réduire le reste du vin à un demi-verre. Ajouter le fumet de poisson réduit.

Dans une poêle anti-adhésive, faire dorer les tournedos 6 à 8 minutes (ils doivent être à peine cuits) dans l'huile d'olive en les retournant à mi-cuisson.

Au fouet, incorporer le reste du beurre dans la réduction de vin et de fumet. Rectifier l'assaisonnement. Répartir la compote d'oignons sur les assiettes, poser les tournedos par-dessus et entourer de sauce.

Le Cheval Blanc

68480 KIFFIS, Tel 89 40 33 05

Le Cheval Blanc appartient et est dirigé par plusieurs membres du clan Walther: André est à la cuisine, Agnès dirige la salle à manger avec l'épouse d'André; Francis officie au bar et s'occupe des additions ; et madame Walther mère se charge du reste, repassant les nappes ou surveillant son petit-fils. Presque tous les légumes et les crudités viennent du potager situé derrière le restaurant, mais, à l'occasion, on complète la liste des ingrédients par des pissenlits ramassés dans les champs ou de l'ail sauvage cueilli dans les bois. André cuisine sur un vénérable poêle à bois et nombre des recettes traditionnelles du Sundgau lui viennent de sa grand-mère. Son baeckeoffe associe l'agneau, le porc, le boeuf et les légumes qu'il assaisonne généreusement d'épices et qu'il fait longuement mijoter pendant des heures pour composer un plat exceptionnel, véritable feu d'artifice d'arômes ; ses carpes frites sont recommandées par Maître Antony, le fromager de Ferrette qui a déjà fait et défait nombre de réputations.

Carpe frite du Sundgau

(*Photographiée page suivante*)

Ce grand classique du Sundgau, des darnes de carpe roulées dans la semoule et frites, est généralement servi avec des rondelles de citron, une salade verte et des pommes frites. Toutefois, André préfère les pommes vapeur, plus simples, pour lesquelles il utilise celles de son jardin.

POUR 6 PERSONNES
*2 belles carpes de 1,5 kg environ chaque
semoule fine pour la panure
2 cuillerées à soupe d'huile*

25 g de beurre doux
sel
rondelles de citron pour la garniture

Ecailler, nettoyer et étêter les carpes. Détailler les carpes en darnes de 1 cm d'épaisseur. Laver et essuyer soigneusement les darnes avec du papier absorbant. Saler uniquement. Rouler les darnes dans la semoule et les secouer pour ôter l'excédent.

Faire chauffer le beurre et l'huile dans une sauteuse à fond épais. Frire les darnes 5 à 6 minutes de chaque côté à feu modéré. Egoutter sur du papier absorbant. Servir très chaud et croquant.

Gâteau au vin blanc, sauce aux baies rouges

(Photographié à droite)

POUR 10 À 12 PERSONNES
4 oeufs, blanc et jaune séparés
300 g de sucre semoule
1 pincée de vanille en poudre
ou 1 cuillerée à café d'extrait de vanille
200 ml d'edelzwicker
ou autre vin blanc d'Alsace
150 ml d'huile
300 g de farine tamisée
1 sachet de levure chimique
1 pincée de sel

POUR LA SAUCE
200 g de framboises, 200 g de groseilles
et 200 g d'airelles sauvages
sucre à volonté
crème fouettée pour servir

Préchauffer le four à 180°C (thermostat 4). Graisser et fariner un moule à cake de 40 x 12 cm et de 8 cm de hauteur. Battre les jaunes d'oeuf avec la vanille et la moitié du sucre. Au fouet, ajouter le vin et l'huile. Incorporer la farine tamisée et la levure. Battre les blancs d'oeuf en neige ferme avec le sel. Ajouter le reste du sucre sans cesser de fouetter. Incorporer les oeufs en neige à la pâte. Verser le tout dans le moule et mettre 40 à 45 minutes au four.

Réduire les fruits et le sucre en purée. Servir le gâteau en tranches et présenter la sauce et une jatte de crème fouettée à part.

BÄRLAUCHSUPP

Au printemps, l'ail sauvage (bärlauch en dialecte) prolifère dans les forêts de hêtres du Sundgau. Employé autrefois pour faciliter la digestion, éliminer les parasites et accélérer la cicatrisation des blessures superficielles, il est à présent de nouveau utilisé en cuisine : en soupe comme ici, ou en salades, comme au Cheval blanc de Kiffis.

POUR 4 PERSONNES
100 g de feuilles d'ail sauvage parées et ciselées
100 ml de crème fraîche
25 g de beurre
2 à 3 oignons nouveaux (ou échalotes) émincés
2 à 3 belles pommes de terre farineuses (500 g) pelées et détaillées en cubes
sel et poivre noir du moulin

Blanchir les feuilles d'ail 5 minutes dans 1 litre d'eau bouillante. Egoutter. Réserver l'eau de cuisson. Réduire les feuilles en purée avec la crème.
Dans une casserole, faire suer les oignons dans le beurre sans laisser roussir. Mouiller avec l'eau de cuisson de l'ail, amener à ébullition et ajouter les pommes de terre. Faire mijoter 20 minutes. Laisser tiédir et verser le mélange dans la purée de feuilles d'ail. Réduire le tout en purée lisse. Remettre la soupe dans la casserole et amener à ébullition. Saler et poivrer. Pour que la soupe ne perde pas sa belle couleur verte, elle ne doit pas bouillir plus de 2 minutes. Servir très chaud avec de belles tranches de pain croustillant.

SALADE DE MUNSTER CHAUD

Cette entrée particulièrement goûteuse figure sur le menu du terroir de l'Auberge Paysanne de Lutter.

POUR 4 PERSONNES
assortiment de salades d'hiver : frisée, chicorée, batavia et scarole
1 tête d'endive émincée

POUR LA VINAIGRETTE
100 ml d'huile
4 cuillerées à soupe de vinaigre de xérès
1 cuillerée à café de moutarde
1 pincée de sucre
sel et poivre noir du moulin

5 tranches de pain légèrement rassi, écroûtées
1 demi munster coupé en 20 morceaux

Disposer les feuilles de salade sur le tour des assiettes de service en alternant les coloris. Napper le centre des assiettes de chiffonnade d'endive. Au fouet, monter tous les ingrédients de la vinaigrette en émulsion. Arroser les feuilles de salade de vinaigrette.
Préchauffer le gril à feu vif. Couper les tranches de pain en 4. Poser un morceau de fromage sur chaque quartier de pain et mettre à fondre sous le gril (le pain doit être légèrement grillé). Répartir les toasts sur les assiettes et servir immédiatement.

SALADE TIÈDE AU FLEISCHSCHNACKA

(Photographiée page suivante)

Le véritable fleischschnacka se compose de restes de viande (fleisch) hachée que l'on étale sur la pâte avant de rouler celle-ci en spirale (schnaka) et de la découper en tranches. Dans cette version moderne de la recette traditionnelle, on lie la viande avec de l'oeuf et on remplace la pâte par des crêpes.

POUR 4 PERSONNES
Pour les crêpes aux herbes
125 ml de lait
100 g de farine
2 oeufs
1 cuillerée à soupe d'huile
herbes fraîches hachées à volonté : ciboulette, cerfeuil, persil et estragon
sel et poivre noir du moulin

POUR LA GARNITURE
200 g de reste de viande cuite hachée fin (rôti ou pot-au-feu)
2 oeufs
2 cuillerées à soupe de crème fraîche
2 cuillerées à soupe de parmesan râpé (facultatif)
sel et poivre du moulin

huile pour friture
salade de saison assaisonnée pour servir

Pour la pâte à crêpes: mélanger 125 ml d'eau, le lait, la farine, 2 oeufs, l'huile et les herbes

pour obtenir une pâte lisse et fluide. Saler et poivrer. Laisser reposer au moins 30 minutes. Faire chauffer une poêle de 20 cm de diamètre légèrement huilée à feu vif. Verser une petite louche de pâte en nappant bien le fond de la poêle et faire dorer chaque face. Préparer 10 crêpes. Réserver.

Malaxer la viande hachée, 2 oeufs, la crème et le parmesan. Saler et poivrer. Etaler le hachis sur 4 crêpes (séparer les crêpes par des feuilles de papier sulfurisé et les congeler pour un autre usage). Rouler et découper les crêpes garnies en tranches. A feu vif, faire dorer les tranches sur chaque face. Servir sur une chiffonnade de salade verte.

Galettes de maïs

En Alsace, on cultive surtout du maïs pour le bétail, mais nombre de grands chefs préparent aussi de succulentes galettes de maïs doux qu'ils servent avec du gibier ou du canard. Elles accompagneront fort bien le poulet à la bière Ackerland. Pour que les galettes restent chaudes, égouttez-les sur du papier absorbant et placez-les à four doux. Si nécessaire, réchauffez-les quelques minutes à four chaud.

POUR 24 GALETTES
2 oeufs entiers
250 ml de lait
100 g de farine
300 g de maïs doux en boîte égoutté
sel et poivre noir du moulin
huile pour friture

Au robot, réduire rapidement tous les ingrédients en purée grossière (le maïs doit conserver son croquant). Faire chauffer une poêle anti-adhésive légèrement huilée. Verser 1 petite louche de pâte dans la poêle et faire dorer la galette des 2 côtés.

Duo de tartes flambées au saumon et aux escargots

(Photographié ci-dessus)

Dans cette variante de la flammekueche, Philippe Lacour de La Couronne, à Buschwiller, garnit les tartes de saumon et d'escargots. On peut préparer la pâte et la garniture à l'avance et les conserver au frais. Utilisez les restes de pâte pour une pizza ou pour un petit pain.

POUR 6 PERSONNES
Pour la pâte à pain
500 g de farine de blé
15 g de levure de boulanger fraîche ou 1 sachet de levure de boulanger sèche (6 g)
1 cuillerée à café de sel
1 cuillerée à café de sucre semoule
100 ml d'huile d'olive
250 ml de lait

POUR LA CRÈME AU FROMAGE BLANC
125 g de fromage blanc à 40% de matière grasse
1 jaune d'oeuf
1 tombée de sauce tabasco
estragon ou basilic frais haché fin
sel

POUR LA GARNITURE
250 g de filet de saumon
12 escargots de calibre moyen en boîte
15 g de beurre
1 gousse d'ail écrasée
1 échalote hachée fin
sel et poivre noir du moulin
1 filet d'huile d'olive
1 filet d'huile de noisette
salade verte, dés de tomate, pointes d'asperge et fines herbes pour servir

Mélanger tous les ingrédients de la pâte à pain en suivant les instructions de la page 126. Couvrir et faire lever 2 heures à température ambiante pour que la pâte double de volume.

Mélanger le fromage, le jaune d'oeuf, le tabasco, les herbes et le sel. Détailler le saumon en aiguillettes. Saler, poivrer et réserver. Laver les escargots et les couper en 4. Dans une casserole, faire suer l'ail et l'échalote dans le beurre. Ajouter les escargots et faire cuire quelques minutes.

Préchauffer le four à 250°C (thermostat 9). Rompre la pâte levée et la couper en 2 (réserver la moitié pour un autre usage). Abaisser la pâte très fin sur la table farinée et découper 12 disques de 8 cm de diamètre. Poser les disques sur la tôle de cuisson graissée.

Napper les disques de crème au fromage blanc. Répartir le saumon sur 6 disques et les escargots sur les 6 autres. Mettre à dorer 3 à 4 minutes au four. Arroser les tartes au saumon d'huile d'olive, les tartes aux escargots d'huile de noisette. Disposer les tartes sur les assiettes avec la garniture choisie et servir chaud.

Matelote de poisson de nos rivières

(Photographiée page suivante)

Madame Vonarb, épouse de pêcheur, prépare sa matelote avec des anguilles fraîches pêchées dans le Rhin, une bonne portion de carottes et de poireaux, ainsi qu'une généreuse mesure de vin blanc. Nous nous en sommes inspirés pour élaborer une recette qui marie poissons d'eau douce et poissons de mer en fonction du marché. Afin de savourer pleinement la sauce crémeuse, accompagnez la matelote de pâtes fraîches et de pain frais.

POUR 6 PERSONNES
EN PLAT UNIQUE
2 kg de poissons entiers
50 g de beurre doux
1 oignon haché fin
1 gousse d'ail écrasée
1 cube de bouillon de volaille ou de poisson

1 bouquet garni (très fourni en persil)
350 g de jeunes carottes parées ou de carottes détaillées en ovales
350 g de poireaux parés, coupés en bâtonnets de 2 cm de longueur
½ bouteille de vin blanc (riesling)
250 ml de crème fraîche
sel et poivre noir du moulin
persil ou ciboulette pour la garniture

Etêter, équeuter et couper le poisson en darnes de 2,5 cm d'épaisseur. Dans une cocotte, faire suer l'oignon et l'ail dans le beurre. Ajouter 1 l d'eau, le bouillon cube et le bouquet garni. Amener à ébullition, ajouter les légumes et faire mijoter 8 à 10 minutes pour que les légumes restent croquants. Oter les légumes à l'écumoire (laisser le bouquet garni dans la cocotte), couvrir et réserver au chaud. Verser le vin dans la cocotte et faire mijoter 10 minutes. Saler et poivrer les darnes. Mettre l'anguille (facultatif) dans la cocotte et laisser frémir 8 à 10 minutes. Ajouter les autres poissons et faire mijoter encore 5 à 6 minutes pour qu'ils soient à peine cuits. Réserver le poisson au chaud avec les légumes. Jeter le bouquet garni. Au fouet, incorporer la crème fraîche dans le bouillon et faire réduire à feu vif. Rectifier l'assaisonnement. Napper le poisson et les légumes de sauce, garnir de persil ou de ciboulette et servir dans des assiettes à soupe.

Magrets de canard à la choucroute et aux pommes

(Photographiés ci-dessus)

La choucroute met parfaitement en valeur les viandes riches telles que le canard. Servez-la avec des galettes de maïs. •

POUR 6 PERSONNES
25 g de beurre doux
2 échalotes hachées fin
300 g de choucroute crue
2 pommes acidulées pelées, en dés
3 baies de genévrier écrasées
100 ml de vin blanc sec
4 cuillerées à soupe de crème fraîche
3 magrets de canard
de 350 g chacun avec la peau
sel et poivre noir du moulin

1 belle tranche de crépine de porc pour envelopper les magrets (facultatif)

POUR LA SAUCE
1 petit morceau de gingembre frais émincé (facultatif)
300 ml de bouillon de volaille
150 ml de vin rouge corsé
1 cuillerée à soupe de vinaigre de vin rouge
50 g de beurre en parcelles à la sortie du réfrigérateur pour enrichir la sauce

peau et entailler celle-ci au couteau. Envelopper les magrets de crépine et poser le tout, peau dessus, sur la grille au-dessus de la lèchefrite (verser un peu d'eau dans la lèchefrite pour que les graisses ne brûlent pas). Mettre à dorer 18 à 20 minutes à four chaud (la chair reste rosée).

Pour la sauce: dans une casserole, faire suer l'autre échalote dans le reste du beurre avec le gingembre (facultatif). Ajouter le bouillon et faire réduire de moitié. Ajouter le vin et le vinaigre et faire réduire de moitié. Hors du feu, au fouet, incorporer le beurre en parcelles pour obtenir une sauce épaisse.

BOUCHÉES À LA REINE

Ce plat familial (suppapaschtetler en dialecte) servait jadis à accommoder une volaille un peu âgée pour préparer une petite entrée précédant le pot-au-feu, le gibier ou autre plat de viande qui composait l'essentiel du repas.

POUR 6 PERSONNES
1 poulet fermier de 1,2 kg
250 ml de vin blanc sec
1 oignon
1 carotte
1 branche de céleri
1 poireau
2 à 3 feuilles de chou
1 bouquet garni
400 g de ris de veau
(ou d'agneau)
300 g de champignons
coupés en 4 ou émincés
75 g de beurre doux
1 demi jus de citron
50 g de farine
2 jaunes d'oeuf
4 cuillerées à soupe de crème fraîche
12 vol-au-vent à garnir précuits
de 9 à 10 cm de diamètre
sel et poivre noir du moulin

Faire cuire le poulet 35 minutes avec le vin, les légumes, le bouquet garni, le sel, le poivre et assez d'eau pour couvrir. 15 minutes avant la fin de la cuisson, ajouter les ris de veau.

Oter le poulet et les ris de la cocotte. Réserver le bouillon. Jeter les os et la peau du poulet et couper la chair en cubes. Peler les ris en enlevant bien les membranes; détailler en cubes. Faire revenir les champignons 10 minutes à feu doux dans 25 g de beurre avec le jus de citron, le sel et le poivre. Augmenter le feu pour faire évaporer le jus.

Préchauffer le four à 190°C (thermostat 5) et mettre les vol-au-vent à chauffer. Faire fondre le reste du beurre dans une grande casserole, ajouter la farine et remuer. Mouiller avec 600 ml de bouillon réservé en remuant bien (ajouter un peu de bouillon si nécessaire pour obtenir une sauce assez fluide). Laisser mijoter 10 minutes à compter de la reprise de l'ébullition. Ajouter le poulet, les ris et les champignons et réchauffer rapidement à feu modéré. Oter du feu. Mélanger les jaunes d'oeuf et la crème fraîche et incorporer le tout à la préparation au poulet. Garnir les vol-au-vent. Servir 2 bouchées par personne en présentant le reste de la garniture chaude à part pour compléter les portions.

Dans une casserole, faire suer 1 échalote dans la moitié du beurre. Rincer la choucroute à grande eau, essorer et mettre dans la casserole avec les pommes, le genièvre et le vin. Couvrir et laisser frémir 10 minutes à feu doux. Laisser refroidir dans une jatte et ajouter la crème fraîche.

Préchauffer le four à 220°C (thermostat 7). Soulever la peau des magrets en la laissant attachée à la chair d'un côté. Répartir la choucroute sur les magrets, recouvrir avec la

Potée de Hagenthal

Monsieur Heyer, boucher à Hagenthal, prépare la hiriwurscht, une saucisse fumée typique du Sundgau, à base de boeuf, de porc et d'un mélange spécial d'aromates. Lorsque je lui ai dit que j'avais fait cuire les hiriwurschts avec des flageolets, il a baptisé le plat "cassoulet sundgauvien".

POUR 2 PERSONNES
1 cuillerée à soupe d'huile
1 oignon haché fin
1 gousse d'ail écrasée
400 g de tomates entières pelées au jus
1 pincée d'herbes séchées
800 g de haricots flageolets en boîte,
rincés et égouttés
2 hiriwurschts (ou saucisses fumées)
de 150 g chaque
sel et poivre noir du moulin
crème sûre ou fromage blanc
pour la garniture (facultatif)

Dans une petite casserole, faire suer l'oignon et l'ail dans l'huile sans laisser roussir. Ajouter les tomates et leur jus, les herbes, le sel et le poivre. Laisser mijoter à feu vif pour obtenir un coulis assez épais et bien concentré. Ajouter les haricots égouttés et poser les saucisses par-dessus. Baisser le feu et laisser mijoter 10 minutes à feu doux pour réchauffer le tout.

Servir dans les assiettes à soupe chaudes avec une volute de crème sûre ou de fromage blanc et présenter de belles tranches de pain frais pour saucer.

Sürlawerla

Cette recette de madame Antony, épouse du fromager de Ferrette, est un plat du Sundgau par excellence qui apparaît souvent au menu du banquet annuel des associations et autres amicales comme celles des sapeurs-pompiers ou des footballeurs. Madame Antony utilise du foie de génisse, mais on peut le remplacer par du foie de porc ou de veau. Servez-le comme le veut la tradition avec une purée bien beurrée, ou avec des spätzles.

POUR 4 PERSONNES
1 oignon haché fin
50 g de beurre doux
1 cuillerée à soupe d'huile
600 g de foie en lanières de 1 cm
2 cuillerées à soupe de farine
200 à 250 ml de bouillon ou d'eau
100 ml de vin rouge
persil haché à volonté
1 cuillerée à soupe de vinaigre de vin rouge
sel et poivre noir du moulin

Dans une poêle (de préférence anti-adhésive), faire suer l'oignon dans le beurre sans laisser roussir. Augmenter le feu et faire raidir rapidement le foie (pas plus de 5 à 6 minutes pour qu'il ne durcisse pas) en remuant. Saupoudrer de farine et remuer soigneusement. Ajouter le bouillon et le vin. Saler, poivrer, amener à ébullition en grattant le fond de la poêle pour mélanger les sucs. Laisser frémir 10 minutes à feu doux en remuant de temps à autre. Juste avant de servir, ajouter le persil et le vinaigre.

Baeckeoffe du Cheval Blanc

(Photographié page suivante)

Le baeckeoffe est un plat de viande, de pommes de terre et de légumes disposés en couches que l'on arrose de vin blanc et que l'on fait mijoter pendant plusieurs heures. La recette du Cheval blanc de Kiffis est moins riche en viande, mais elle est très parfumée. Servez-la avec une salade verte et du pain frais pour saucer le jus.

POUR 6 PERSONNES
100 g d'échine de porc désossée
100 g de veau haché
(ou 200 g de porc en tout
en supprimant le veau)
100 g d'épaule d'agneau désossée
100 g de boeuf à bouillir désossé
1 pied de porc coupé en 4 (facultatif)
tranches fines de lard gras (facultatif)
5 gousses d'ail
2 carottes en dés
2 oignons hachés fin
2 kg de pommes de terre fermes,
pelées et émincées
1 poireau émincé
sel et poivre noir du moulin
farine pour luter la cocotte

POUR LA MARINADE
1 gousse d'ail
1 cuillerée à soupe de baies de genièvre
3 clous de girofle
6 feuilles de laurier
2 pincées d'herbes séchées
1 carotte en dés
1 oignon haché fin
1 bouteille de vin blanc sec

Détailler la viande en cubes et mettre les cubes dans une jatte avec le pied de porc, l'ail, le genièvre, la girofle, le laurier, les herbes, les carottes, les oignons et le vin. Couvrir et laisser mariner au frais au moins 12 heures et jusqu'à 3 jours. Egoutter la viande et les légumes; réserver la marinade. Beurrer une grande terrine dont le couvercle ferme bien. Etaler les tranches de lard gras (facultatif) au fond. Disposer la moitié des pommes de terre par-dessus, ajouter plusieurs couches de viande et de légumes en alternant les ingrédients et en salant et poivrant au fur et à mesure. Terminer par le reste des pommes de terre. Arroser de marinade (si nécessaire, ajouter de l'eau pour que le liquide atteigne les $3/4$ de la terrine). Luter le couvercle sur la terrine avec une pâte à base de farine et d'eau. Mettre 3 à 4 heures au four (150°C, thermostat 2).

Charlotte aux fruits rouges du Sundgau

Ce dessert raffiné et coloré est une création d'Elizabeth Lacour de La Couronne, à Buschwiller. Servez-le avec une crème anglaise que vous confectionnerez avec les jaunes d'oeuf restants.

POUR 6 À 8 PERSONNES
24 biscuits boudoirs
4 cuillerées à soupe de sucre semoule
1 cuillerée à soupe de liqueur sucrée: fraise, framboise ou grand marnier (facultatif)

POUR LE COULIS
500 g de framboises
150 g de sucre semoule

POUR LA MOUSSE
6 feuilles de gélatine alimentaire ou 1 cuillerée à soupe de gélatine en poudre
400 g de framboises ou de fraises (ou un assortiment des deux)
2 cuillerées à café de jus de citron
4 blancs d'oeuf
50 g de sucre semoule
250 ml de crème fraîche, fouettée
fruits rouges et feuilles de menthe pour la garniture

Couper assez de boudoirs en 2 pour garnir les parois d'un moule à gâteau amovible de 26 cm de diamètre. Couper les autres biscuits à la taille voulue et garnir le fond du moule. Dissoudre le sucre dans 4 cuillerées à soupe d'eau et ajouter la liqueur. Arroser les biscuits de sirop. Pour le coulis : réduire les framboises en purée avec le sucre ; filtrer pour ôter les pépins. Etaler la moitié du coulis sur les boudoirs du fond du moule. Réserver le reste.

Faire tremper les feuilles de gélatine dans l'eau froide. Essorer et dissoudre les feuilles dans 2 cuillerées à soupe d'eau à feu doux (ou mettre la gélatine en poudre dans une petite casserole avec 2 à 3 cuillerées à soupe d'eau; laisser gonfler et faire dissoudre à feu doux). Réduire les fruits de la mousse et le jus de citron en purée. Ajouter la gélatine chaude sans cesser de remuer pour obtenir une purée lisse. Filtrer.

Fouetter les blancs d'oeuf en neige ferme. Ajouter le sucre en continuant à fouetter pour obtenir une meringue ferme. Incorporer la crème fouettée et la purée de fruits. Verser le tout dans le moule et lisser le dessus. Faire prendre au frais.

Démouler la charlotte, décorer de fruits rouges et de feuilles de menthe. Présenter le reste du coulis à part.

Crème anglaise

La crème anglaise n'est pas typiquement alsacienne (ni anglaise d'ailleurs), mais, en Alsace, elle accompagne souvent les desserts. Ne laissez surtout pas la crème bouillir car elle tournerait. On peut remplacer la vanille par un autre parfum : zeste d'orange ou de citron, cassis, feuilles de menthe ou de mélisse, fleurs de sureau ou cannelle.

POUR 500 ML DE CRÈME
500 ml de lait entier
1 gousse de vanille fendue
ou 2 pincées de vanille en poudre,
ou 1 cuillerée à café d'extrait de vanille
6 jaunes d'oeuf
75 à 100 g de sucre semoule

Amener le lait à ébullition avec la vanille. Au fouet, mélanger les oeufs et le sucre. Sans cesser de fouetter, ajouter le lait bouillant. Remettre le tout dans la casserole et, sans cesser de remuer, faire épaissir à feu doux. La crème est assez épaisse si elle nappe le dos de la cuiller. Filtrer la crème dans une jatte, laisser refroidir et faire prendre au frais.

500 g de fromage blanc à 40% de matière grasse
200 ml de crème fleurette
2 cuillerées à soupe de farine de maïs
1 pincée de sel
sucre glace

Pour la pâte: tamiser la farine dans une jatte. Incorporer le beurre en émiettant bien le tout. Ajouter 7 cuillerées à soupe d'eau glacée et pétrir en boule souple. Couvrir et mettre au frais.

Préchauffer le four à 180°C (thermostat 4). Abaisser la pâte pour foncer un moule à tarte de 30 cm de diamètre.

Dans une jatte, mélanger les jaunes d'oeuf, la moitié du sucre, le fromage blanc, la crème et la farine de maïs. Fouetter les blancs d'oeuf en neige ferme avec le sel. Ajouter le reste du sucre en continuant à fouetter. Incorporer les oeufs en neige à la préparation au fromage blanc. Verser la garniture dans le fond de tarte et mettre à dorer 35 à 40 minutes au four (la pointe du couteau doit ressortir propre).

Etaler une feuille de papier sulfurisé sur le dessus de la tarte et démouler à l'envers sur grille (ceci afin que la garniture n'imprègne pas le fond de tarte qui deviendrait spongieux). Laisser refroidir et renverser la tarte sur le plat de service. Saupoudrer de sucre glace. Servir à température ambiante.

TARTE AU FROMAGE BLANC

(Photographiée ci-dessus)

Légère, cette tarte alsacienne est à base de fromage blanc, de crème, d'oeufs et de sucre simplement relevés d'un zeste de citron. Servez-la avec le coulis de fruits rouges de la page 102.

POUR 8 PERSONNES
Pour la pâte
200 g de farine de blé
100 g de beurre doux en parcelles
une pincée de sel

POUR LA GARNITURE
4 oeufs, blanc et jaune séparés
100 g de sucre semoule

(A l'extrême droite) On met les cloches - ici dans une ferme-auberge des Vosges - autour du cou des vaches lors des transhumances, en mai pour conduire les bêtes vers les pâturages d'été, en septembre pour revenir au village dans la vallée.
(A droite) Le propriétaire de cet hôtel-restaurant de Kaysersberg, au pied des Vosges, est un ancien champion cycliste.
(Ci-dessous) Paysage caractéristique des Vosges.

*(En bas) Ruelle de Niedermorschwihr, village viticole des contreforts des Vosges.
(Ci-dessous) Potirons et autres légumes et fruits de saison sur le marché du lundi matin à Kaysersberg. En automne, les potirons apparaissent dans tous les potagers et sur tous les marchés d'Alsace. Ils accompagnent particulièrement bien les plats de gibier.*

LES VOSGES

LORSQU'ON pénètre dans le massif des Vosges depuis la plaine du Rhin, il est difficile de croire que l'on n'a pas quitté la région tant le paysage est différent. Brusquement, les vignobles bien ordonnés cèdent la place aux nombreuses vallées ensoleillées coupées par de tumultueux torrents, aux versants raides couverts de hêtres, de bouleaux et de pins et, au-delà de la limite des arbres, aux pâturages d'altitude battus par les vents. A la place des solides constructions au crépi rose saumon ou ocre qui se succèdent en rangs serrés, se dressent de longues bâtisses solitaires, fermes basses chaulées de blanc sous leur toit d'ardoise grise. Et alors que le printemps jaillit déjà dans la plaine, la route des Crêtes reste parée de teintes hivernales.

Contrairement aux Alpes, dont la taille même inspire un certain respect, aux austères volcans d'Auvergne, ou à la Forêt Noire drapée de sombres conifères, qui appartenait voici plus de vingt-cinq millions d'années au même massif que les Vosges, ces dernières sont des montagnes à échelle humaine. Les plus hauts sommets ne dépassent pas 1500 mètres d'altitude. Les feuillus et les résineux de la forêt lui donnent au printemps une allure aérée et, en automne, de superbes coloris. En été, les luxuriants pâturages des coteaux tranchent sur l'horizon bleuté des pics qui se déploient à perte de vue.

Le climat des Vosges est un climat typiquement montagnard : dur, vif et imprévisible. La chaîne arrête vents et pluies, et les nuages d'orage venus de l'ouest éclatent souvent au-dessus du massif qui protège ainsi la plaine d'Alsace, plus chaude et plus sèche. Sur le Hohneck, au coeur des Hautes Vosges, les chutes de pluie sont quatre fois plus importantes qu'à Colmar, à quarante kilomètres de là. Les randonneurs n'oublieront pas de s'équiper de solides chaussures et de vêtements chauds, de bonnes cartes et... d'un solide appétit : voici le pays de la ferme-auberge et du pique-nique.

La région a toujours été assez pauvre : autrefois, on y pratiquait essentiellement l'élevage et le bûcheronnage ; par la suite, l'implantation d'usines textiles et de mines fournit de précieux emplois aux habitants des vallées. A présent, la région se tourne vers le tourisme vert ; de Wissembourg à Ferrette, les marcheurs disposent de quelque onze mille kilomètres de sentiers cartographiés et balisés par le dynamique Club vosgien, et plusieurs GR, sentiers de Grande randonnée qui sillonnent la France de part en part, traversent la région. Enfin, lorsque les conditions d'enneigement le permettent, les skieurs envahissent les pistes de ski de fond ou les quelques stations qui disposent de remontées mécaniques.

Malgré leur pauvreté économique, les Vosges disposent d'une grande richesse écologique. Hautes chaumes, champs de gentianes et de pensées sauvages, tourbières que ne trouble que le rire des grèbes castagneux, sous-bois regorgeant de myrtilles et d'airelles, chamois solitaires, familles de sangliers et chevreuils, et spectaculaires panoramas sur l'Allemagne, la Suisse et la Lorraine... tel est le riche héritage que les Alsaciens chérissent. Pour beaucoup, le massif est un jardin précieux où se réfugier en fin de semaine ou pendant les vacances, par une belle journée d'hiver pour profiter de l'air vivifiant, ou par une étouffante journée d'été, lorsque la chaleur se fait trop oppressante dans la plaine.

LE BALLON D'ALSACE

La tradition veut que, lorsqu'on distingue le Ballon d'Alsace (le sommet le plus au sud de la chaîne des Vosges) depuis le Sundgau, il faut se précipiter dans les montagnes. D'abord, il ne faut certainement pas manquer la vue depuis le Ballon qui, par temps clair, embrasse le massif jusqu'au nord, la Forêt Noire à l'ouest et, si le temps est vraiment exceptionnel, sur les Alpes au sud. En outre, lorsque les montagnes sont visibles, cela signifie que le vent est au sud-ouest et que le temps ne va pas tarder à changer.

Au pied du Ballon d'Alsace, la Doller forme une vallée large et accueillante dont les rives offrent de nombreux sites pour pique-niquer confortablement. Les produits de monsieur Bringel, boucher de Guewenheim, rempliraient bien des paniers : pâté en croûte, terrine maison, chasseur (saucisse de boeuf fumée délicieusement légère à consommer crue) et foie gras sous diverses formes. Vers 1985, sous l'impulsion des Bringel, plusieurs familles de la vallée se sont lancées dans l'élevage des canards gras et la région a obtenu le label "Ballon d'Alsace, le pays du foie gras".

Pour le pain, on peut prendre à Cernay le petit train à vapeur qui, en été, grimpe péniblement dans la vallée jusqu'à Sentheim où le boulanger prépare le pavé de Sentheim, pain de seigle frais à souhait que la boulangère annonce fièrement comme le "monopole de la vallée". Pour le vin, c'est à Lauw qu'il faut aller ; les caves richement garnies d'Adam, parent de la célèbre dynastie d'Ammerschwihr, fournissent un pinot blanc frais et fruité. Et l'on complètera son panier à Masevaux, principale ville de la vallée de la Doller, célèbre pour le Jeu de la Passion pendant le carême et pour son festival d'orgue en été. C'est de là que part la route Joffre, voie construite au cours de la Première Guerre mondiale pour relier les vallées de la Doller et de la Thur; aujourd'hui promenade pittoresque.

Si le temps est à la pluie, on déjeunera à l'auberge qui se cache au-dessus du village de Dolleren. L'adresse de l'Auberge du Schlumpf est l'un des secrets les mieux gardés de la

(En haut) Dans les fermes-auberges, le repas marcaire commence généralement par une belle part de tourte que l'on déguste sur les tables dressées dans la cour de la ferme. (Ci-dessus) Bringel, boucher et spécialiste du foie gras de Guewenheim, dans la vallée de la Doller.

Les fermes-auberges

Autrefois, les fermes-auberges des Vosges, alors appelées marcairies, n'étaient souvent accessibles qu'à pied. Les voyageurs s'y arrêtaient pour se restaurer de plats à base de produits de la ferme servis sur les tables à tréteaux dressées dans la cour. Aujourd'hui, certaines fermes-auberges forment de véritables entreprises familiales et mettent de gigantesques parkings à la disposition de leur clientèle, mais d'autres ont conservé leur simplicité. Dans tous les cas, le titre de "ferme-auberge" impose que soixante-dix pour cent des produits viennent de la ferme même. Le typique repas marcaire débute par une soupe suivie d'une belle portion de tourte chaude accompagnée de salade verte. Vient ensuite la palette de porc tranchée et fumée (schiffala) avec l'irrésistible - et imprononçable - roïgabrageldi composé de hachis de pommes de terre. Le festin se poursuit par un munster moelleux ou un bon fromage de montagne, par une tarte aux fruits de saison abondamment garnie de crème fraîche, ou par une meringue glacée de proportions colossales. Le café, toujours servi avec de l'eau-de-vie, clôt enfin le banquet.

(A gauche) Monsieur Bruxer, boucher à Kaysersberg, présente son assortiment de viandes fumées et salées, de saucisses, de pâtés et de terrines. Sa création la plus récente est un filet de porc fumé dans le fumoir situé derrière la boutique.
(A droite) La Doller dévale la vallée jusqu'à la plaine d'Alsace.
(Ci-dessous) Marcheurs, cyclistes et parapentistes apprécient la région de la route des Crêtes qui traverse le massif de Cernay jusqu'à Sainte-Marie-aux-Mines.

LA CHARCUTERIE ALSACIENNE

Deux choses distinguent les charcutiers alsaciens de leurs voisins du reste de la France. En Alsace, la profession de charcutier est toujours associée à celle de boucher. L'autre différence vient de l'impressionnant éventail de fumaisons qui font la fierté des charcutiers alsaciens.

Ils fument pratiquement tous les morceaux du cochon : filet (ou kassler), palette (schiffala), collet, jambon (schunke), lard (speck) et bien d'autres. Les morceaux que l'on consomme crus, tels que le jambon ou le lard paysan, sont salés et fumés à froid; les morceaux à cuire (kassler, schiffala, collet) sont marinés dans la saumure puis fumés à la sciure de pin avec parfois quelques branches de pin vert des Vosges pour renforcer l'arôme. Les charcutiers préparent également de nombreuses variétés de saucisses à base de porc, de boeuf ou de veau, fumées ou nature, certaines crues, d'autres cuites à manger froides en salade, d'autres encore à réchauffer pour accompagner les pommes de terre.

vallée car la patronne, madame Behra, est pour la discrétion. Elle préfère parler de cuisine familiale et de produits maison plutôt que de gastronomie, mais les bouchées forestières, le pot-au-feu et le veau de la ferme accompagné de nouilles maison sont dignes des meilleures tables. La mère de madame cuisine sur la cuisinière à bois qui laisse échapper de merveilleuses bouffées de chaleur en hiver. Par les fenêtres, on peut admirer la vallée et les nombreux sentiers de randonnée qui rayonnent depuis l'auberge.

Plus haut, la route grimpe à l'assaut du Ballon d'Alsace en offrant de superbes vues, mais le chauffeur fera bien de se concentrer sur la chaussée pour ne pas finir dans le ravin ! A l'arrivée au sommet, même ceux qui ne s'entraînent pas pour le Tour de France cycliste auront l'impression d'avoir accompli un exploit en découvrant, de l'autre côté, la beauté désolée du "See" d'Urbés-Fellering, l'une des rares tourbières qui demeurent en Alsace, vers Saint-Maurice-sur-Moselle. Ce site désormais protégé est sillonné par des sentiers touristiques balisés de panneaux explicatifs sur la faune et la flore de ce petit paradis où grèbes castagneux, canards, hérons cendrés, poules d'eau et autres sarcelles virevoltent au-dessus des souches qui émergent des eaux marécageuses.

Tout près, à Storkensohn, un groupe de villageois a récemment restauré le vieux moulin où l'on apportait jadis les noix et, en été, organisent des séances de démonstration. Plus bas la ville de Saint-Amarin, où se tient en été un spectaculaire feu de la Saint-Jean, donne son nom à la vallée nord-sud (important site de fabrication du munster) qui relie la Thur et Wildenstein.

LE GRAND BALLON

POUR atteindre le Grand Ballon, le plus haut sommet des Vosges avec 1424 mètres d'altitude, on prend la route des Crêtes au départ d'Uffholtz, près de Cernay. Il n'est pas utile de faire halte à Cernay, si ce n'est pour acheter quelques provisions de pique-nique chez Alain. La maxime de la boucherie-charcuterie est fort prometteuse : "Gourmet, averti, exigeant : tel est le client que nous aimons !"

Depuis Uffoltz, la route zigzague dangereusement le long des crêtes et franchit une succession de cols jusqu'au pied du Grand Ballon. Au col du Silberloch, l'un des nombreux monuments nationaux d'Alsace domine le Hartmannswillerkopf (surnommé le Vieil-Armand par les Français), champ de bataille qui a vu tomber quelque trente mille soldats français et allemand pendant la Première Guerre mondiale. Ici, les sentiers sont innombrables, et la vue des pics qui se succèdent à l'horizon est époustouflante.

A la ferme-auberge Molkenrain, la famille Deybach organise chaque année la fête de la transhumance. Au mois de mai, lorsque les vaches sont sur le point de gagner leurs quartiers d'été, on rassemble le troupeau dans le village de Wattwiller, à midi, avant de commencer une ascension de trois heures en compagnie de marcheurs de tout âge. A l'arrivée à la ferme, les vaches s'éparpillent dans les pâturages, tandis que les randonneurs se réfugient dans la salle à manger pour savourer un bon dîner bien mérité.

Au Markstein, petite station de sports d'hiver qui a sans doute vu plus d'un débutant

(En haut) En été et en automne, les amateurs de champignons sillonnent les Vosges en quête de champignons des champs (présentés dans le panier) ou des bois tels que la chanterelle, le cèpe et la trompette des morts.
(Ci-dessus) Dans les Vosges, les sentiers de randonnée sont bien entretenus et clairement balisés. Les panneaux indiquent également les distances jusqu'au prochain village ou à la prochaine ferme-auberge.

(En bas à gauche) Dans la rue principale de Niedermorschwihr, les maisons à colombage vivement colorées se succèdent. Les tons de brun, d'ocre et de rose saumon sont très courants, mais, notamment dans les villages catholiques, on trouve aussi des tons bleus, couleur traditionnelle de la Vierge.
(Ci-dessous) Les cloches de la ferme-auberge Buchwald. Tous les ans, monsieur Wehrey et sa famille conduisent encore les vaches de la vallée jusqu'à la ferme, à pied, en compagnie d'un joyeux cortège de marcheurs.

Les confitures de Christine Ferber

Les étagères de la boutique de Christine Ferber, dans la rue principale de Niedermorschwihr, sont entièrement garnies de petits pots de confiture. Malgré l'importance de sa production, en quantité tant qu'en variété, madame Ferber est bien décidée à préserver la nature artisanale de son entreprise. Toutes les confitures sont préparées à partir de fruits de la région dans les bassines en cuivre de la mère de Christine. Les recettes sont restées les mêmes, si ce n'est que le taux de sucre, jadis de cinquante pour cent, a été ramené à 650 à 800 grammes de sucre par kilo de fruits. Aux confitures de toutes sortes - rhubarbe, cerise acide à la menthe, framboise à la mélisse, myrtille, airelle sauvage, quetsche, pomme sauvage, cynnorhodon, coing, etc. - sont venus s'ajouter plusieurs conserves et confits aigres-doux tels que les abricots ou les mirabelles au gewurztraminer, les tomates aux herbes et les pêches de vigne pochées au pinot noir.

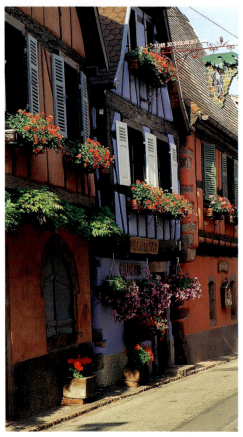

chausser les skis, la route bifurque vers la haute vallée de la Lauch et le Florival. Sur le versant sud de ce val fleuri, Murbach mérite le détour pour son abbaye romane dont les vestiges tronqués (seul le chevet demeure) ne donnent qu'une faible idée de l'influence et du rayonnement passé de la communauté religieuse. Fondée au VIIIᵉ siècle par saint Pirmin, l'abbaye bénédictine fut un centre d'apprentissage réputé, jouissant de la protection personnelle de Charlemagne et dominant la vallée de Guebwiller pendant près de dix siècles.

Parmi ses vastes possessions figuraient certains des premiers vignobles alsaciens, notamment au-dessus de Guebwiller. Après la Révolution, l'abbaye fut saccagée, ses terres et ses biens dispersés. Au début du siècle, les célèbres vignerons Schlumberger achetèrent peu à peu les vignobles en terrasse qui appartenaient jadis à l'Abbaye pour les replanter en cépages nobles. Aujourd'hui, les Domaines Schlumberger rendent hommage au passé avec leurs excellents riesling et gewurztraminer des Princes-Abbés.

Au pied du Florival, Guebwiller est une solide cité aux maisons de grès rose et aux belles églises. Celle de Saint-Léger fait partie des joyaux alsaciens de l'art roman et l'on prétend qu'elle fut construite par 1235 maçons qui ne vivaient que de pain et d'ail ; ils n'étaient autorisés à rompre leur jeûne que le dimanche pour déguster quelque viande. Juste à côté, La Taverne du Vigneron ou le salon de thé Christmann servent des mets plus substantiels.

Pour atteindre la riante vallée voisine de Rimbach, il faut passer par Soultz dont la ravissante place bordée de belles maisons anciennes à fenêtres en encorbellement accueille un bon marché le mercredi. Dans la rue du Maréchal-de-Lattre, l'impressionnant monsieur Schluraff règne sur le s'Matzgerstuwa, restaurant-boucherie où les amateurs de viande (relativement nombreux en Alsace) se doivent de faire halte. Dans la même rue, la boucherie Schellenberger vend des spécialités de charcuterie et de la viande biologique.

En remontant la Rimbach, on visitera Notre-Dame de Thierenbach avant de poursuivre jusqu'à Rimbach, au pied du Grand Ballon, et la ferme-auberge Glashütte où le premier client de la journée se voit offrir le choix du menu. Les bouchées à la reine de madame Christmann sont souvent en tête de liste, de même que sa tourte robuste qui constitue un véritable repas à elle seule.

LA VALLÉE DE MUNSTER

C'EST au cœur des Hautes Vosges que se niche le pays du munster, dans la vallée du même nom. Entre Turckheim et Gunsbach, village où le Docteur Albert Schweitzer a passé son enfance, les vignes qui bordent le côté nord de la route cèdent la place aux noyers et aux vergers. Sur la rive sud de la vallée, les pentes couvertes d'épaisses forêts grimpent vers le Petit Ballon, le dernier des trois ballons d'Alsace.

Enorme bâtisse chaleureuse, la ferme-auberge Buchwald, à Breitenbach, possède une salle à manger toujours bondée dont les fenêtres ouvrent sur une vue époustouflante. Les propriétaires ont suspendu aux poutres du plafond les cloches que les vaches

JEAN-PAUL GILG, PÂTISSIER-CHOCOLATIER-GLACIER

Fondée en 1938 par le grand-père de Jean-Paul, la pâtisserie Gilg est célèbre dans toute l'Alsace. Elle a formé d'innombrables chefs-pâtissiers et chocolatiers, et, au cours des années, a confectionné une succession infinie de pains, de gâteaux, de chocolats et autres friandises. La belle façade de la boutique s'orne d'une sculpture originale représentant un pâtissier en train de poursuivre un kougelhopf en fuite. Outre le classique assortiment de pralines, de tartes aux fruits, de bonbons, de kougelhopfs salés ou de gâteaux au chocolat, la pâtisserie prépare également des créations maison tel que le délice du marcaire, tourte aux amandes et aux noix, ou le petit munster, boîte ronde de la taille d'un fromage de munster garnie de chocolats noirs fourrés aux amandes et au marc de gewurztraminer. Un petit café jouxte la boutique et, en été, les tables envahissent le trottoir.

(En haut) Comme partout en Alsace, les maisons des Vosges sont abondamment fleuries.
(Ci-dessus) Kaysersberg possède une excellente brasserie qui vend d'innombrables marques de bières d'Alsace et d'ailleurs.
(En haut à droite) Les ruines du château du XIIIe siècle de Kaysersberg, dévasté au cours de la guerre de Trente Ans, dominent la ville. Sur une cheminée, les cigognes sont de retour.

Les Vosges

(En bas) Vue de la rivière Weiss à Kaysersberg. La ville marque la transition entre les Vosges et le pays des vignobles.
(Ci-dessous) A Kaysersberg, un tableau de la Vierge orne une façade.

portent lorsqu'elles se rendent dans leurs pâturages d'été, le 25 mai, à la Saint-Urbain, ou pour rentrer à l'étable à la Saint-Michel, vers le 25 septembre. Tout aussi chaleureuse, la ferme-auberge Lameysberg de la famille Kempf se dresse à l'extrémité d'un chemin forestier des plus cahoteux. On y déguste le repas marcaire ou le munster préparé et affiné par monsieur Kempf.

Fondée par des moines irlandais au VIIe siècle, la ville de Munster était un centre textile prospère qui s'est à présent tourné vers le tourisme. La Grand Rue est bordée de boutiques qui proposent des cannes de marche et des cartes, des guides pour les meilleures fermes-auberges, du café fraîchement grillé, des provisions pour le pique-nique et des tartes aux myrtilles. Dischinger vend le fromage de la ferme-auberge Christlesgut, du vin, de l'eau-de-vie, des jambons et des saucisses que l'on peut faire emballer sous vide pour mieux les transporter. Parmi les spécialités de la boucherie-charcuterie Jacquat, la canne du marcaire est une originale saucisse fumée que l'on grignote en marchant.

Toujours dans la Grand Rue, monsieur Wendling se spécialise dans le gibier. En Alsace, la saison de la chasse s'ouvre en avril pour le sanglier et en mai pour le chevreuil, mais la période la plus active (tant pour la vente que pour les commandes) s'étale de septembre à janvier. Les règlements sont de plus en plus stricts et l'on n'a plus le droit de vendre le gibier avec ses plumes ou ses poils ; le temps où les vitrines exposaient les sangliers en robe grise ou les faisans dans leur plumage élégant appartient presque au passé.

Au-dessus de Breitenbach, la ferme-auberge Christlesgut culmine au terme d'une route difficile. Les excellents munsters fermiers et les barikas (fromages de montagne) des Dischinger sont vendus sur tous les marchés, de Sélestat à Mulhouse, ainsi que dans la boutique du frère de monsieur Dischinger à Munster. Les fromages de montagne aux herbes de la ferme apparaissent notamment dans l'une des spécialités de la maison, les steakäs, beignets de fromage qu'il suffit d'accompagner d'une petite salade pour reprendre des forces et poursuivre la randonnée.

A Mulhbach, le musée de la Schlitte brille par sa conception et sa présentation. A tour de rôle, les membres de l'association fondatrice guident les visiteurs à travers l'exposition d'ustensiles et de photographies narrant la vie des bûcherons de la région à l'époque, pas si lointaine, où l'on rapportait le bois des pentes boisées à traîneau (schlitte) sur les schlittwegs, pistes en bois spécialement conçues à cet effet.

A partir de Mulhbach, les fermes-auberges de la vallée de Munster se succèdent sans interruption jusqu'à la source de la rivière : Brankopf, Hinterberg, Schiessroth et Gaschney. Pour ceux qui préfèrent tirer leurs provisions du sac, les berges de la petite rivière Fecht, dans la vallée du Sondernach, semblent avoir été créées pour le pique-nique.

Plus haut, vers la route des Crêtes, les amateurs de parapente et autre ailes volantes tournoient dans le ciel tels de gigantesques oiseaux de proie ; les cyclistes attaquent farouchement la pente ; les marcheurs arpentent sans relâche les sentiers et les chemins. La ferme du Kastelberg offre sans doute l'un des plus beaux panoramas et, selon certains, le meilleur roïgabrageldi (hachis de pommes de terre) de la vallée de

*(En haut à droite) En dessert ou au goûter, les Alsaciens adorent les tartes aux fruits. On confectionne la tarte aux quetsches en automne avec les fruits bleu noir de la région liés dans une crème onctueuse. Au fond, un rafraîchissoir à vin sert provisoirement de vase.
(En bas à droite) Les échoppes illuminées créent une atmosphère chaleureuse sur le marché de Noël de Kaysersberg.
(Ci-dessus) Kaysersberg est presque plus belle la nuit que le jour, notamment aux alentours de Noël.*

Munster. Sur la crête, le jardin d'altitude du Haut Chitelet, propriété des jardins botaniques de Nancy, constitue une oasis de calme où les plantes alpines, locales ou non, sont présentées dans leur habitat naturel. Et l'on rejoint à nouveau Munster par le Hohneck et la route bâtie en 1860 par la famille Hartmann de Munster pour franchir le col de la Schlucht.

LES TROIS VALLÉES

EN poursuivant la traversée des Vosges vers le nord, on arrive aux vallées qui se sont associées pour vendre leurs produits sous le label "Trois Vallées" : Lapoutroie, Sainte-Marie-aux-Mines (dite le val d'Argent) et Orbey. Reliant les Vosges aux vignobles des collines, la superbe cité ancienne de Kaysersberg constitue une étape idéale avant de pénétrer dans le massif. Cité natale d'Albert Schweitzer, elle accueille en décembre un merveilleux marché de Noël, et les nombreux artisans de la ville fabriquent des articles de qualité telles que les poteries qui rappellent quelque peu celles de Soufflenheim ou les jouets en bois.

Extra-muros, le clos des Capucins appartient à madame Faller et ses filles dont les vins voluptueux sont célèbres dans le monde entier. Dans la pittoresque rue du Général de Gaulle, la pâtisserie Loecken prépare sans doute le meilleur kougelhopf d'Alsace, aussi bien sucré que salé, tandis que monsieur Bruxer, le boucher de madame Faller, vend ses spécialités fumées, notamment un succulent filet mignon de porc et les fagots du vigneron, délicieuses petites saucisses de bœuf.

Plus haut dans la vallée, à Hachimette, juste après le wagon propret orné de géraniums qui abrite l'Office du Tourisme, se trouve l'excellent Cellier des Montagnes. Géré par la coopérative agricole du Canton Vert, un nom qui convient parfaitement à cette riante vallée, le Cellier propose du munster, du fromage de chèvre et de montagne, du beurre et autres produits laitiers, de la volaille et des œufs de ferme, du miel, de la confiture et un bel assortiment de truite et de viandes fumées.

Lapoutroie compte un certain nombre de bons hôtels, un grand affineur de munster, Jacques Haxaire, et deux distilleries, Miclo et de Miscault, ce dernier étant chargé de l'instructif musée des Eaux-de-vie. Au-dessus du bourg, la ferme-auberge Kébespré est parfaite pour le déjeuner du jour de la fête des Mères. Les tables sont garnies de bouquets spécialement composés pour les mamans et la salle à manger lambrissée résonne du joyeux brouhaha des familles qui se délectent du légendaire repas marcaire de madame Verchère, traditionnel ragoût longuement mijoté à base de veau nourri au lait de la ferme.

Depuis Le Bonhomme, une autre route spectaculaire serpente jusqu'au col de Bagenelles où se déploie le panorama sur le val d'Argent : aux quatre points cardinaux, les collines et les vallées se succèdent à perte de vue. Après un bon déjeuner à la ferme-auberge du Haycot, on peut consulter les cartes qui regorgent d'idées de randonnées dans la région du Brézouard. Depuis le col, la route touristique suit le torrent Liepvrette jusqu'à Sainte-Marie-aux-Mines, ancienne ville minière et textile.

Tandis que la route repart à l'assaut des pentes, un panneau annonce Ribeauvillé. La ferme-auberge du Petit-Haut, dirigée par les jeunes Mathieu, offre également un superbe panorama, de bons petits plats et quelques chambres. Juste après la ferme, un tournant à droite entraîne le visiteur sur la route spectaculaire vers Aubure et Fréland ou se trouve la maison du Pays Welche. L'étymologie du mot "welche" associe deux concepts, "étranger" et "de langue française", et le musée est consacré aux traditions linguistiques et autres de cette petite enclave de langue française cernée de tous côtés par des villages où l'on parle d'abord le dialecte.

La modeste bourgade d'Orbey donne sur la troisième des vallées, le val d'Orbey. Patrick Chaize, fromager et laitier qui fournit Jacky Quesnot de Colmar en munsters et autres fromages, est installé sur la route des Basses Huttes qui conduit à la Ferme du Pré du Bois. Il ne faut pas manquer le musée passionnant et le champ de bataille du Linge avant d'aller déjeuner à la ferme-auberge du Glasborn-Linge où l'on trouvera une atmosphère plus gaie.

(En haut) Une belle vue du petit village de Hohrod, au-dessus de Munster ; au fond, les pics enneigés bordent l'horizon. Selon les conditions d'enneigement, certains tronçons de la route des Crêtes sont fermés entre novembre et avril ou mai.
(Ci-dessus) Cueillette des fruits dans les Vosges. Certains fruits entrent dans la confection de confitures et de conserves, mais la plupart servent à fabriquer l'alcool blanc qui a fait la renommée de l'Alsace. Cependant, de moins en moins de récoltants disposent du droit de bouillir et les arbres fruitiers sont laissés à l'abandon.

L'EAU-DE-VIE

Les alcools d'Alsace, au puissant arôme de fruit dans une élégante flûte, comptent parmi les meilleures spécialités de la région. On distille en Alsace de nombreux fruits locaux, tels que les cerises, les framboises, les quetsches ou les mirabelles; mais aussi, pour le marc, le résidu du raisin des vignobles voisins ; ou pour l'excellente poire William, des poires qui viennent généralement de la vallée du Rhône. Les Alsaciens distillent également toutes sortes de fleurs et de baies locales telles que l'aspérule odorante, l'alize, le houx, la prunelle, la fleur de sureau et la myrtille qui donnent de merveilleuses et originales eaux-de-vie ; ou, plus étranges encore, l'asperge, la bière, la choucroute ou le cumin. Les fruits à noyau, riches en sucre, sont mis à fermenter avant d'être distillés. Les baies et les plantes qui ne contiennent pas assez de sucre pour fermenter naturellement sont d'abord mises à macérer dans l'alcool de raisin. En Alsace, tous les alcools sont blancs (c'est-à-dire transparents), secs, aromatiques et puissants, et l'on considère que le degré idéal d'alcool tourne autour de quarante-cinq pour cent. En revanche, les liqueurs de fruit, colorés par le jus des fruits, sont plus douces et leur degré d'alcool bien inférieur. Autrefois, le droit de bouillir une quantité limitée d'alcool pour les besoins de la maison se transmettait de génération en génération. Ce droit est sur le point de s'éteindre avec la génération des grands-parents alsaciens et les jours du bouilleur de cru sont comptés. Dans le val de Villé, les bouilleurs professionnels sont encore assez nombreux. Certains se sont dotés des technologies les plus modernes. C'est le cas de la famille Meyer, à Hohwarth : dans leur élégante boutique lambrissée, ils vendent les eaux-de-vie dans de véritables bouteilles de collection soufflées à la main (à gauche) et proposent des dégustations de leurs produits.

Le val de Villé

VIENT enfin le val de Villé, l'un des plus jolis sites et les moins touristiques des contreforts des Vosges. Ici, au nord, les pics sont plus doux, le paysage plus arrondi, les cols plus bas. La région est particulièrement belle au printemps, lorsque fleurissent les cerisiers, les pruniers, les mirabelliers et les pommiers, ou en automne, lorsque les fruits alourdissent les branches.

Toutes les routes semblent converger vers Villé, centre de la région. Le mercredi matin, fermiers et fermières quittent les villages voisins pour aller au marché vendre le beurre baratté à la main, le fromage blanc, la crème fraîche, les yaourts, les flans et les œufs de ferme. Partout, on trouve des chambres à louer, des pensions, des fermes proposant des excursions à cheval ou des produits du terroir. Dans le ravissant village d'Albé, jadis grande commune viticole, la Maison du val de Villé retrace le riche passé de cette vallée minière et textile, autrefois prospère.

La route qui monte au col du Kreuzweg réserve de splendides vues de chaque côté tandis que les pentes tapissées d'herbe rase ponctuées de merisiers alternent avec les majestueuses et épaisses forêts de conifères. Le Hohwald, ancienne station à la mode, est désormais un havre de paix fréquenté par les Strasbourgeois amateurs de randonnée ou de myrtilles. Pour se restaurer, La Petite Auberge sert de la mousse de truite fumée, du gibier et des tartes aux myrtilles et, à la limite du village, la délicieuse ferme-auberge du Wittertalhof propose des plats du jour que madame Hazemann et sa fille concoctent avec les produits de leur ferme.

Entre le col de la Charbonnière et celui de Steige, la petite route bosselée conduit vers l'une des meilleures tables des Vosges : à la ferme Promont, madame Schynoll cuisine à partir d'animaux élevés sur place (agneau, veau, lapin, porc) et autres produits de la ferme, illustrant parfaitement ce que l'on peut faire avec des ingrédients frais de première qualité, un talent culinaire considérable et le goût de la simplicité. En automne, les amateurs se pressent à sa porte pour le fameux repas de cochonnailles et les réservations se font des mois à l'avance pour déguster au son de l'orchestre le menu traditionnel de soupe, de boudin, de pieds de cochon et autres gourmandises accompagnées de monceaux de salade et de choucroute.

A La Salcée, dont le nom vient de la position de la ville sur la route du Sel qui reliait jadis l'Alsace aux mines de sel de Lorraine, il ne faut pas manquer les Confitures du Climont. L'un des frères Krencher a abandonné sa carrière d'instituteur pour se consacrer à la fabrication de confitures et de conserves. Avec un certain sens de l'humour et le talent pédagogique qui ne l'a pas quitté, il donne des démonstrations du processus de conservation, n'hésitant pas à provoquer les questions de ses "élèves". Préparées à partir des fruits cultivés dans la région ou avec ceux qui poussent dans les champs et les bois alentours, les confitures peuvent être dégustées sur place. Au nord, entre Molsheim et Saales, la Bruche est la dernière grande vallée qui coupe les Vosges avant le col de Saverne. Peu à peu, le paysage caractéristique des Vosges alsaciennes cède le pas à la Lorraine voisine dont l'influence se fait se plus en plus nette.

A la Ferme du Pré du Bois, près d'Orbey, la famille Maire confectionne d'excellents munsters. La traite a lieu tôt le matin et, à dix heures trente, madame Maire se met au travail. Elle ajoute de la présure au lait tiède et verse le lait caillé dans les moules. Lorsque les fromages ont pris, elle les retourne, les sale, les lave et les fait sécher pour les descendre enfin à la laiterie où ils mûriront pendant au moins trois semaines, de préférence quatre.

Ferme-Auberge Irrkrüt

COL DE FOUCHY, 67220 VILLE, TEL 88 57 09 29

Né en Alsace, Michel Nell a fait ses études au collège agricole d'Obernai; Noëlle, d'origine normande et périgourdine, est une artiste accomplie, une cavalière douée et une cuisinière hors pair. Ils ont acheté la ferme en 1988 (dont le nom désignerait les "herbes folles" qui pousseraient tout près) et y ont installé des moutons, des vaches, des canards, des poulets et un cochon gaulois baptisé "Vercingétorix". A certaines époques, lapins et pintades envahissent aussi la ménagerie. L'atmosphère de la ferme est joyeuse et détendue, l'accueil chaleureux et la nourriture originale. Les Nell ont récemment remporté une récompense nationale pour leurs produits alimentaires de montagne: cuissot d'agneau fumé, jambon de montagne et de sanglier, magrets de canard fumés, foie gras, poitrine et terrines à emporter ou à déguster sur place.

TOURTE IRRKRÜT AU MUNSTER

(Photographiée ci-contre)

Cette délicieuse entrée offre un exemple parfait de la cuisine de Noëlle Nell, une cuisine "inventive fondée sur les spécialités locales": du munster, des pommes de terre et du lard.

POUR 8 PERSONNES
Pour la pâte
250 g de farine de blé
75 g de beurre demi-sel
50 g de margarine
1 pincée de sel

POUR LA GARNITURE
4 belles pommes de terre fermes,
pelées et émincées (environ 1 kg)
lait
2 oignons émincés
100 g de lardons
2 cuillerées à soupe de graisse d'oie
ou de canard (ou d'huile)
2 munsters bien faits, émincés
persil à volonté
300 g de pâte feuilletée
1 jaune d'oeuf battu dans un peu d'eau
graines de sésame (facultatif)
sel et poivre noir du moulin

Pour la pâte sablée : mélanger la farine, le sel, le beurre, la margarine et un peu d'eau glacée en suivant les instructions de la page 124. Couvrir et laisser reposer au frais.

Mettre les pommes de terre émincées dans une sauteuse anti-adhésive, couvrir de lait et laisser attendrir 10 à 15 minutes à feu modéré. Préchauffer le four à 220°C (thermostat 7). Beurrer un moule à tarte à fond amovible de 30 cm de diamètre. Abaisser la pâte pour foncer le moule en prévoyant un bord de 2 cm. Faire dorer les oignons dans la graisse ou l'huile et les étaler sur le fond de pâte. Disposer les tranches de munster, puis les lardons par-dessus. Couvrir de pommes de terre. Saler, poivrer et saupoudrer généreusement de persil haché.

Abaisser la pâte feuilletée en un disque de 32 cm de diamètre. Poser la pâte feuilletée sur la tarte et rectifier le bord. Sceller les bords de pâte feuilletée et de pâte sablée en relevant le bord de la pâte feuilletée pour former un galon en relief. A la pointe du couteau, dessiner un treillis sur le couvercle de pâte. Dorer au jaune d'oeuf et garnir de graines de sésame (facultatif).

Mettre la tourte à dorer 45 minutes dans le bas du four. Si le dessus dore trop vite, couvrir avec de l'aluminium.

CLAFOUTIS AUX POIRES ET AU GINGEMBRE

Dans ce délicieux dessert de fin d'été, les poires sont discrètement parfumées au gingembre.

POUR 6 PERSONNES
4 poires à couteau bien parfumées,
pelées, coupées en 4 et épépinées
200 g de sucre
2 fines lanières de zeste et le jus d'un citron
6 oeufs
100 g de farine
250 ml de lait
1 cuillerée à soupe d'eau-de-vie de poire
ou autre (facultatif)
1 cuillerée à café de gingembre en poudre
ou une noix de gingembre frais pelé et râpé
4 à 5 cuillerées à soupe de noisettes
ou d'amandes hachées

Faire frémir 5 minutes la moitié du sucre dans 500 ml d'eau avec le jus et le zeste de citron pour obtenir un sirop. Pocher les poires 5 minutes dans le sirop. Egoutter et couper les fruits en cubes. Jeter le sirop.

Dans une jatte, mélanger les oeufs, le reste du sucre, la farine, le lait, l'eau-de-vie et le gingembre. Laisser reposer 1 heure. Ajouter les poires.

Préchauffer le four à 200°C (thermostat 6). Beurrer un plat à gratin ovale de 35 x 20 cm et de 5 cm de hauteur. Saupoudrer le fond et les parois de noisettes ou d'amandes hachées. Verser la pâte dans le plat et mettre à dorer 35 à 40 minutes au four.

Mousseline de poissons fumés

(Photographiée ci-dessus)

Parfaite pour un buffet froid, cette exquise mousse de saumon et de truite fumée est encore meilleure le lendemain. Servez-la avec la sauce citronnée aux herbes ou une sauce au raifort enrichie d'un filet de citron et de crème fouettée ou de yaourt à la grecque.

POUR 14 À 16 TRANCHES
1 sachet de gélatine en poudre
ou 6 feuilles de gélatine alimentaire
250 ml de crème fleurette
250 g de saumon fumé
300 g de truite fumée
sel et poivre noir du moulin
2 cuillerées à soupe de cerfeuil, persil,
ciboulette et estragon hachés

POUR LA SAUCE
1 demi zeste de citron
en très fines lanières
200 ml de crème fleurette
2 tomates pelées,
épépinées et concassées
poivre de Cayenne
2 cuillerées à soupe d'herbes hachées
(voir ci-dessus)
feuilles de laitue et brins d'aneth
pour servir

Dans une casserole à feu doux, dissoudre la gélatine dans 200 ml d'eau (ou ramollir les feuilles dans l'eau froide, les essorer et les mettre dans la casserole d'eau avant de réchauffer à feu doux pour dissoudre le tout).

Réserver 2 à 3 tranches de chaque poisson. Hacher le reste du saumon et, au robot, mélanger avec 2 cuillerées à soupe de crème et la moitié de la gélatine pour obtenir une purée lisse. Incorporer la moitié des herbes hachées et réserver dans une jatte. De même, préparer la purée de truite avec 2 cuillerées de crème et le reste de la gélatine. Fouetter le reste de la crème. Répartir délicatement la crème fouettée dans les purées de poisson. Poivrer, goûter et ajouter éventuellement du sel.

Graisser une terrine de 8 cm de hauteur et de 26 x 10 cm. Etaler la moitié de la mousse de truite au fond de la terrine en lissant avec la spatule. Poser les tranches de saumon réservées par-dessus. Napper avec la mousse de saumon. Ajouter les tranches de truite réservées et terminer par le reste de la mousse de truite. Mettre à prendre plusieurs heures ou toute la nuit au frais.

Pour la sauce : blanchir le zeste de citron 5 minutes dans l'eau bouillante. Egoutter et rafraîchir sous l'eau froide. Fouetter la crème en chantilly ferme et incorporer le citron, les tomates, le poivre de Cayenne et les herbes. Pour servir : démouler la terrine après avoir trempé le bas du moule quelques secondes dans l'eau chaude. Disposer les tranches sur les assiettes et garnir d'aneth. Poser une feuille de laitue remplie de sauce sur chaque assiette.

OMELETTE AU LARD OU AU JAMBON

Plat typique des fermes-auberges, cette omelette toute simple n'en est pas moins succulente, notamment lorsqu'on utilise du lard ou du jambon fumé de bonne qualité. On peut y ajouter des restes de choucroute et, pour confectionner une omelette paysanne, incorporer à la pâte des cubes de pommes de terre sautés avec de l'oignon haché. Servez-la avec une garniture de salade de saison : chicorée frisée, mâche et pissenlit, par exemple.

POUR 2 PERSONNES
100 g de lardons ou de jambon
en tranche épaisse coupée en cubes
25 g de beurre doux
5 à 6 oeufs
2 cuillerées à soupe de lait, d'eau ou de bière
sel et poivre noir du moulin
salade de saison pour servir

Dans une poêle à fond épais, faire suer les lardons à feu doux. Augmenter le feu et laisser dorer. Egoutter les lardons et dégraisser la poêle. Ajouter le beurre et laisser fondre jusqu'à ce qu'il mousse. Pendant ce temps, fouetter vigoureusement les oeufs avec le lait, l'eau ou la bière pour obtenir une mousse légère. Poivrer et saler légèrement (les lardons sont déjà salés). Verser les oeufs battus dans la poêle chaude. Lorsqu'ils commencent à prendre, ajouter les lardons dorés ou le jambon en formant une bande au centre de l'omelette. Terminer la cuisson. Plier l'omelette et servir très chaud.

SALADE DE POMMES DE TERRE AUX LARDONS

Cette irrésistible salade associe le croquant des lardons et le fondant des pommes de terre, le tout lié par une sauce moutarde relevée. En Alsace, on la sert généralement avec de la charcuterie, mais elle accompagne aussi bien les viandes grillées.

POUR 6 PERSONNES
1 kg de pommes de terre fermes
125 ml de bouillon de volaille
ou de boeuf, chaud
1 oignon haché fin
brins de persil, hachés fin
brins de ciboulette, hachés fin
100 g de lardons
sel et poivre noir du moulin

POUR LA VINAIGRETTE
2 cuillerées à soupe de moutarde de Dijon
6 cuillerées à soupe d'huile d'olive
3 cuillerées à soupe de vin blanc sec
3 cuillerées à soupe de vinaigre de vin blanc

Cuire les pommes de terre avec la peau dans l'eau bouillante salée (20 minutes ou moins selon leur taille ; elles doivent rester fermes). Peler et couper les pommes de terre chaudes en tranches épaisses et les mettre dans une jatte. Arroser de bouillon chaud. Ajouter l'oignon et les herbes. Saler et poivrer.

Faire dorer les lardons à feu doux. Mélanger tous les ingrédients de la vinaigrette. Garnir la salade de lardons et de vinaigrette. Servir tiède.

Chou rouge à l'Alsacienne

(Photographié page suivante, au fond)

Cet excellent plat, à servir avec du gibier, est encore meilleur réchauffé.

POUR 8 PERSONNES
*1 beau chou rouge de 1,5 kg environ
2 cuillerées à soupe de sucre semoule
200 ml de vinaigre de vin blanc
100 g de graisse d'oie ou de canard
(ou 5 cuillerées à soupe d'huile)
1 oignon haché fin
250 ml de vin rouge
250 ml de bouillon ou d'eau
1 feuille de laurier
2 clous de girofle
2 pommes acidulées
(reinette, boskop ou bramley)
pelées et épépinées
sel et poivre noir du moulin*

Couper le chou en 2 et ôter le coeur. Ciseler, rincer et égoutter soigneusement les feuilles. Dans une jatte, étaler les feuilles ciselées en ajoutant le sucre, le vinaigre, le sel et le poivre au fur et à mesure. Laisser macérer au moins 1 heure ou toute la nuit.

Dans une cocotte, faire dorer l'oignon à feu doux dans la graisse ou l'huile. Ajouter le chou et le jus, le vin et l'eau ou le bouillon. Glisser le laurier et le clou de girofle sous les feuilles, couvrir et amener à ébullition. Laisser mijoter 1 heure et demie à feu doux ou au four (180°C ; thermostat 4). Hacher et mettre les pommes dans la cocotte. Faire cuire encore 30 minutes. En fin de cuisson, faire éventuellement réduire le jus à feu vif jusqu'à évaporation complète.

Petits choux farcis aux oignons et aux marrons

(Photographiés page suivante, au centre)

Autre excellent accompagnement du gibier, ce plat est également meilleur préparé à l'avance.

POUR 10 PERSONNES
*10 belles feuille de chou frisé
300 g d'oignons hachés fin
50 g de beurre
200 g de châtaignes pelées
200 ml de bouillon
2 jaunes d'oeuf légèrement battus
3 cuillerées à soupe de crème fleurette
1 verre de vin blanc sec
sel et poivre noir du moulin*

Blanchir les feuilles de chou 5 minutes dans l'eau bouillante salée. Rafraîchir à grande eau et sécher au torchon.

Dans une casserole, faire dorer les oignons à feu doux. Ajouter les châtaignes et le bouillon, couvrir et faire mijoter 20 à 25 minutes (les châtaignes doivent rester entières et le jus doit réduire totalement). Dans une jatte, mélanger les jaunes d'oeuf et la crème ; ajouter les châtaignes. Saler et poivrer.

Préchauffer le four à 180°C (thermostat 4). Oter la côte dure des feuilles de chou et déposer 1 cuillerée à soupe de farce au centre de chaque feuille. Nouer les feuilles et poser les ballots sur une seule couche dans un plat à gratin beurré, soudure dessous. Arroser de vin, couvrir et mettre 30 minutes au four.

Flans de potiron

(Photographiés page suivante, à gauche et à droite)

Parfaits pour accompagner le canard, le gibier ou les viandes rôties, ces flans de potiron peuvent être cuits dans un moule à soufflé ou dans des ramequins individuels.

POUR 6 À 8 PERSONNES
*800 g de potiron
25 g de beurre doux
3 oeufs battus
200 ml de crème fleurette
noix muscade
1 zeste d'orange râpé fin
sel et poivre noir du moulin*

Peler et épépiner le potiron. Hacher grossièrement la chair. Dans une casserole, faire fondre le beurre, ajouter le potiron et faire suer 20 minutes. Augmenter le feu et laisser dorer très légèrement. Réduire le potiron en purée et laisser refroidir. Incorporer les oeufs battus, la crème, la muscade et le zeste d'orange. Saler et poivrer.

Préchauffer le four à 180°C (thermostat 4). Beurrer 6 à 8 ramequins ou 1 moule à soufflé et verser la purée de potiron enrichie dans les moules. Mettre les moules dans un grand plat à gratin et verser de l'eau jusqu'aux 2/3 de la hauteur des moules. Mettre à prendre au four en comptant 25 minutes pour les ramequins individuels, au moins 35 à 40 minutes pour un moule à soufflé.

Pour servir : dégager les flans en passant la lame du couteau sur tout le tour des ramequins et démouler sur les assiettes individuelles ou présenter le moule à soufflé à table.

Tourte de la vallée de Munster

On offre une belle part de cette tourte lors du repas marcaire.

POUR 8 PERSONNES

POUR LA PÂTE SABLÉE
200 g de farine
50 g de beurre en parcelles
50 g de margarine
1 pincée de sel

100 g de pain rassis en cubes
lait pour faire tremper le pain
1,2 kg d'échine de porc désossée, parée et grossièrement hachée
1 pincée de noix muscade
persil haché à volonté
1 oignon haché fin
2 oeufs
300 g de pâte feuilletée
sel et poivre noir du moulin

Pour la pâte sablée : tamiser la farine dans une jatte. Ajouter le beurre en parcelles et bien émietter le tout. Ajouter 7 cuillerées à soupe d'eau glacée et pétrir pour former une boule souple. Couvrir de plastique alimentaire et laisser reposer au frais.

Mettre le pain dans une jatte, couvrir de lait et laisser ramollir. Incorporer le sel, le poivre, la muscade et le persil à la viande hachée. Essorer le pain et le mettre avec l'oignon et 1 oeuf dans le hachis de viande en mélangeant bien (de préférence au robot).

Graisser un moule à tarte à fond amovible de 30 cm de diamètre. Abaisser la pâte sablée et foncer le moule à tarte en laissant dépasser un bord de 3 cm sur tout le tour. A la main, prélever le hachis de viande et le poser sur le fond de tarte en formant un dôme. Rabattre le bord de la pâte sablée sur la viande et humecter. Abaisser la pâte feuilletée en un disque de 30 cm de diamètre et poser le disque sur la tarte en appuyant bien sur les bords pour sceller la pâte feuilletée et la pâte sablée. A la pointe du couteau, dessiner un treillis sur le couvercle de pâte.

Préchauffer le four à 220°C (thermostat 7). Fouetter l'oeuf restant et dorer la pâte à l'oeuf. Faire cuire la tourte 15 à 20 minutes dans le bas du four. Baisser le feu à 180°C (thermostat 4) et placer la grille à mi-hauteur pour terminer la cuisson (compter 40 à 45 minutes pour que la garniture soit bien chaude et la pâte dorée à point). Servir très chaud.

Pâté vosgien

(Photographié ci-contre)

La recette de cet excellent pâté est celle de monsieur Jacquat, boucher de Munster. Lorsqu'on lui demande pour combien de convives elle est prévue, il répond : "Six Alsaciens ou huit petits Parisiens".

POUR 6 À 8 PERSONNES
700 g d'échine de porc désossée
300 g d'épaule de veau désossée
persil haché à volonté
2 échalotes hachées fin
1 verre de vin blanc sec
250 g de chair à saucisse hachée fin
300 g de pâte feuilletée
1 jaune d'oeuf battu
sel et poivre noir du moulin

POUR LA PÂTE SABLÉE
200 g de farine
50 g de beurre demi-sel en parcelles
50 g de margarine
1 pincée de sel

La veille, ou mieux, 2 jours avant, préparer la farce : couper le porc et le veau en bâtonnets de la taille du majeur. Mettre dans une jatte avec le persil, l'échalote et le vin ; saler et poivrer. Bien mélanger, couvrir et laisser mariner 24 à 48 heures au frais.

Abaisser la pâte feuilletée en un rectangle de la taille de la tarte. Humidifier les bords de la pâte sablée et poser la pâte feuilletée par-dessus en scellant bien les bords. Préchauffer le four à 200°C (thermostat 6). Décorer le dessus de la tarte d'un treillis et de feuilles façonnées dans les chutes de pâte feuilletée. Dorer au jaune d'oeuf.

Mettre la tourte à dorer 20 minutes dans le bas du four. Baisser le feu à 180°C (thermostat 4). Placer la grille à mi-hauteur du four et faire cuire encore 30 à 40 minutes pour que la garniture soit bien chaude et la pâte dorée à point. Laisser refroidir sur grille.

Lapin grand-mère

Madame Marck, merveilleuse cuisinière de Lautenbach-Zell, dans le Florival, nous a confié cette délicieuse recette de lapin qu'elle sert généralement avec des spätzles ou des pâtes maison.

POUR 4 À 6 PERSONNES

POUR LA MARINADE
1 demi-bouteille de vin rouge
1 demi-bouteille de vin blanc
1 feuille de laurier
plusieurs brins de persil
2 clous de girofle
noix muscade
1 gousse d'ail émincée
1 oignon haché
1 petit poireau émincé
1 morceau de céleri-rave
ou 1 branche de céleri, en dés fins
1 carotte en dés fins
sel et poivre noir du moulin

POUR LE RAGOÛT
1 jeune lapin de 1,5 kg
2 à 3 cuillerées à soupe d'huile
50 g de beurre doux
farine salée et poivrée
250 à 300 ml de bouillon

La veille : mélanger tous les ingrédients de la marinade dans une jatte non métallique. Détailler le lapin en 10 morceaux et mettre les morceaux dans la marinade. Couvrir et faire mariner 12 à 24 heures au frais en retournant les morceaux de lapin 1 ou 2 fois.

Egoutter et essuyer les morceaux de lapin sur du papier absorbant avant de les fariner. Dans une grande poêle, faire revenir les morceaux de lapin dans l'huile en les retournant pour bien dorer toutes les faces. Au fur et à mesure, poser les morceaux de lapin dans une grande cocotte. Nettoyer la poêle. Egoutter les légumes de la marinade (réserver le jus dans une casserole). Dans la poêle, faire fondre les légumes égouttés dans le beurre et mettre les légumes dans la cocotte. Amener le jus de la marinade à ébullition en écumant régulièrement. Verser la marinade dans la cocotte et compléter avec du bouillon pour couvrir le lapin. Poser le couvercle et laisser attendrir 45 minutes à feu très doux.

Pour la pâte sablée : malaxer la farine, le sel, le beurre, la margarine et un peu d'eau en suivant les indications de la page 124. Laisser reposer au frais.

Egoutter la viande dans une jatte. Incorporer la chair à saucisse en travaillant le hachis au fouet pour alléger le mélange. Abaisser la pâte sablée en un rectangle de 30 x 20 cm. Chemiser une tôle de cuisson à bords hauts de papier sulfurisé et poser la pâte sablée par-dessus. Etaler le hachis de viande sur la pâte en laissant un bord de 4 cm tout autour. Rabattre le bord de pâte sur la viande.

Filets de chevreuil aux champignons en croûte

Véritable plat de fête, cette recette assez élaborée récompense tous les efforts. Pour gagner du temps le jour même, préparez la croûte la veille sans la faire et conservez-la au réfrigérateur. Servez la croûte avec des légumes de saison, chou rouge à l'alsacienne ou flans de potiron, par exemple.

POUR 6 PERSONNES
1 selle de chevreuil de 1,5 kg

POUR LE FUMET
2 carottes grossièrement hachées
2 oignons coupés en 2 avec la peau
2 cuillerées à soupe d'huile
250 ml de vin rouge
quelques brins de persil
quelques brins de thym
2 feuilles de laurier

POUR LA FARCE
1 échalote hachée fin
25 g de beurre
150 g de champignons sauvages
ou non, hachés fin
sel et poivre noir du moulin
1 oeuf, blanc et jaune séparés
100 ml de crème fraîche
1 pincée de noix muscade
huile
400 g de pâte feuilletée

POUR LA SAUCE
2 cuillerées à soupe de gelée de groseilles
50 à 100 g de beurre doux en parcelles

Préchauffer le four à 220°C (thermostat 7). Désosser la selle pour obtenir 2 filets de 350 g, 2 petites tranches de bas morceaux et quelques parures. Réserver les os. Parer soigneusement les filets.

Pour le fumet : concasser et faire brunir les os 20 minutes au four avec les carottes, les oignons et l'huile. Verser le tout dans une grande cocotte en grattant bien les sucs. Ajouter le vin et couvrir d'eau. Ajouter les herbes. Amener à ébullition et faire mijoter 1 à 2 heures. Filtrer le fumet et refroidir au réfrigérateur. Dégraisser et remettre le fumet dans la casserole. A feu vif, faire réduire à 1 verre. Réserver.

Pour la farce : dans une casserole, faire suer l'échalote dans le beurre. Ajouter les champignons. Saler et poivrer. Couvrir et laisser les champignons rendre leur jus à feu doux. Découvrir et faire évaporer le jus à feu vif. Verser le tout dans une jatte en grattant bien les sucs. Laisser refroidir. Au robot, hacher les bas morceaux et les parures de chevreuil. Ajouter les champignons, le blanc d'oeuf, la crème et la muscade et réduire en hachis assez grossier.

Essuyer et faire raidir les filets de chevreuil rapidement des 2 côtés dans l'huile. Laisser refroidir sur grille. Abaisser la pâte en un rectangle un peu plus long que les filets et assez large pour bien les envelopper. Poser la pâte sur la tôle de cuisson chemisée de papier sulfurisé. Etaler la farce entre les 2 filets et poser le tout sur la moitié de la pâte. Humidifier les bords de la pâte et ramener l'autre moitié sur les filets pour les envelopper. Couper le bord inférieur de la pâte et rabattre le bord supérieur dessous. Décorer le dessus de la croûte de motifs façonnés dans les chutes de pâte. Dorer au jaune d'oeuf. Réserver au frais.

Préchauffer le four à 220°C (thermostat 7). Mettre la croûte à dorer dans le bas du four : 20 à 25 minutes pour une viande bleue ; 30 à 35 minutes pour une viande à point ; 40 minutes pour "bien cuite".

Pendant ce temps, préparer la sauce : réchauffer le fumet. Incorporer la gelée de groseilles au fouet. Hors du feu, au fouet, incorporer le beurre parcelle par parcelle pour bien lier la sauce. Rectifier l'assaisonnement.

Pain aux noix et aux lardons

Parfait pour accompagner un munster bien affiné ou une belle assiette de soupe, ce délicieux pain se conserve bien.

POUR 1 MICHE
300 g de farine de blé complet
200 g de farine de blé blanche complète
1 cuillerée à café de sel
15 g de levure de boulanger fraîche
ou 1 sachet de levure sèche
1 cuillerée à soupe d'huile
100 g de lardons
100 g de noix grossièrement hachées

Préparer la pâte, de préférence au robot car il faut bien la pétrir : mélanger les farines, le sel et la levure. Mélanger l'huile et 300 ml d'eau tiède et verser le tout dans la farine. Pétrir soigneusement pour obtenir une boule souple et élastique qui se détache des doigts. Glisser la jatte dans un grand sac en plastique alimentaire et faire lever 2 heures à température ambiante pour que la pâte double de volume.

Faire suer les lardons à feu doux sans laisser roussir pour qu'ils restent moelleux. Egoutter. Sur la planche farinée, rompre la pâte avec les doigts et incorporer les lardons et les noix.

Mettre la pâte dans un moule à cake légèrement huilé de 6 cm de hauteur et de 25 x 10 cm. Laisser lever jusqu'à ce que la pâte atteigne le bord du moule. Préchauffer le four à 220°C (thermostat 7). Mettre la miche à gonfler 10 à 15 minutes au four. Baisser la température à 200°C (thermostat 6) et faire cuire encore 25 à 30 minutes (la miche doit rendre un son creux lorsqu'on la frappe).

GLACE AU MIEL DE SAPIN AUX FRUITS DES BOIS

(Photographiée ci-dessus)

Cette recette rapide célèbre tous les parfums des Vosges.

POUR 4 À 6 PERSONNES
3 jaunes d'oeuf
1 oeuf entier
175 g de miel de sapin
300 ml de crème fleurette
assortiment de framboises, de mûres,
de myrtilles et d'airelles pour servir

Au fouet, battre les jaunes, l'oeuf entier et le miel jusqu'à ce que le tout triple de volume. Battre la crème en chantilly ferme et incorporer délicatement à la préparation au miel. Verser dans des ramequins et faire prendre au congélateur. Pour servir : démouler la glace et entourer de fruits. Cette glace se conserve 2 à 3 jours.

Tarte aux myrtilles sauvages

(*Photographiée page précédente*)

Il existe plusieurs versions de la tarte aux myrtilles, mais celle de monsieur Gilg est sans doute la meilleure.

POUR 6 À 8 PERSONNES

POUR LE FOND DE TARTE
EN PÂTE SABLÉE
250 g de farine
125 g de beurre doux en parcelles
3 cuillerées à soupe de sucre semoule
1 pincée de sel
1 jaune d'oeuf

POUR LA GARNITURE
au moins 1 kg de myrtilles fraîches
ou surgelées, décongelées et bien égouttées
2 oeufs
60 g de sucre semoule
2 cuillerées à soupe de farine
150 ml de crème fraîche
sucre glace pour garnir

Pour la pâte : tamiser la farine dans une jatte. Du bout des doigts, incorporer le beurre, le sucre, le sel, le jaune d'oeuf et 2 cuillerées à soupe d'eau froide dans la pâte en pétrissant bien. Couvrir et laisser reposer au moins 30 minutes au frais.

Préchauffer le four à 200°C (thermostat 6). Abaisser la pâte pour foncer un moule à tarte à fond amovible de 30 cm de diamètre. Trier les myrtilles (sans les laver pour qu'elles ne rendent pas trop de jus à la cuisson) et les étaler sur le fond de tarte. Mettre la tarte à dorer 20 minutes dans le bas du four.

Pour la crème : fouetter les oeufs, le sucre, la farine et la crème fraîche. Sortir la tarte du four et, avec du papier absorbant, absorber le jus des myrtilles (notamment s'il s'agit de fruits surgelés). Napper les myrtilles de crème aux oeufs en lissant avec le dos de la cuiller. Baisser le four à 180°C (thermostat 4), placer la grille à mi-hauteur et faire dorer encore 20 minutes.

Laisser refroidir, démouler et saupoudrer de sucre glace.

Mousse au fromage blanc, coulis de framboises

Ce dessert d'une exquise légèreté est parfait pour clore un repas copieux.

POUR 6 PERSONNES
4 feuilles de gélatine ou 1 cuillerée à soupe
de gélatine en poudre
50 g de sucre semoule
250 ml de fromage blanc à 40%
de matière grasse ou de yaourt à la grecque
1 zeste de citron râpé
250 ml de crème fleurette

POUR LE COULIS
500 g de framboises ou autres baies
sucre à volonté
feuilles de menthe pour servir

Ramollir les feuilles de gélatine dans l'eau et essorer. Ou mélanger la gélatine en poudre avec 2 cuillerées à soupe d'eau. Mettre le sucre dans 2 cuillerées à soupe d'eau, ajouter la gélatine et faire dissoudre à feu doux en remuant. Au fouet, incorporer le tout dans le fromage blanc avec le zeste de citron. Fouetter la crème fraîche en chantilly ferme et incorporer délicatement à la préparation précédente. Verser la mousse dans un moule à manqué de 24 cm de diamètre ou 6 ramequins légèrement huilés.

Pour le coulis : réduire les fruits et le sucre en purée. Passer au chinois pour filtrer les pépins.

Démouler la mousse sur une nappe de coulis et décorer de feuilles de menthe.

Parfait glacé au kirsch

POUR 6 À 8 PERSONNES
4 oeufs, blanc et jaune séparés
100 g de sucre semoule
2 pincées de vanille en poudre
ou 1 cuillerée à café d'extrait de vanille
200 ml de crème fleurette
4 cuillerées à soupe de kirsch
griottes au kirsch pour servir

Battre les jaunes d'oeuf et la moitié du sucre en mousse légère. Fouetter la crème en chantilly ferme et ajouter le kirsch. Fouetter les blancs d'oeuf en neige ferme, ajouter le reste du sucre sans cesser de fouetter. Mélanger délicatement les trois préparations et verser le parfait dans un moule de 30 x 10 cm, des coupes individuelles ou une coupe de service. Couvrir et faire prendre plusieurs heures au congélateur. Servir le parfait dans les 2 à 3 jours avec des griottes au kirsch.

Guide touristique

Ce guide offre une sélection de restaurants choisis pour leurs spécialités alsaciennes, leur accueil chaleureux et leur atmosphère plaisante. Table modeste des fermes-auberges ou table raffinée des restaurants prestigieux, toutes offrent un excellent échantillon des recettes de la région. La plupart des fermes-auberges et des tables d'hôtes ne sont ouvertes qu'en fin de semaine ou en été. L'association des Fermes-Auberges du Haut-Rhin publie le Guide des fermes-auberges, le Guide des gîtes ruraux du Haut-Rhin et le Guide des chambres d'hôtes que vous trouverez dans les Offices du Tourisme et les Syndicats d'Initiative.

Les curiosités et les boutiques qui figurent dans la liste ci-après possèdent un lien direct avec les arts de la table, mais certains musées ou monuments remarquables ont également été retenus. A Noël, de nombreux Alsaciens exilés loin de leur pays passent leurs commandes par correspondance ; n'hésitez pas à vous renseigner auprès des commerçants qui pourront peut-être vous expédier des bredles, des saucisses, du foie gras, du vin ou de l'eau-de-vie.

Fêtes, foires, kermesses ou messti, simple fête communale de village ou célébration d'une spécialité locale: fête de la Cerise, de la Tourte, de la Bière ou l'une des nombreuses fêtes du Vin... les Alsaciens adorent faire la fête. A tout moment de l'année, notamment en été ou en automne, on dresse alors dans les rues des tables sur tréteaux, le vin et la bière coulent à flot, la musique résonne partout et petits et grands participent activement. C'est l'occasion ou jamais de se joindre à la foule pour vivre une expérience inoubliable. Si certaines de ces fêtes sont mentionnées dans le guide, vous trouverez un calendrier plus complet de toutes les manifestations dans les Offices du Tourisme.

Quelques adresses utiles

Association des fermes-auberges du Haut-Rhin
B.P. 371
Colmar
Tél. 89 20 10 68

Office départemental du tourisme du Bas-Rhin
9, rue du Dôme
Strasbourg
Tél. 88 32 17 77

Association départementale du Tourisme du Haut-Rhin
Maison du Tourisme
1, rue Schlumberger
Colmar
Tél. 89 20 10 68

Maison de l'Alsace
39, avenue des Champs-Elysées
Paris
Tél. (1) 42 56 15 94

ATTENTION : SI TOUS LES EFFORTS ONT ÉTÉ FAITS POUR VEILLER À L'EXACTITUDE DES RENSEIGNEMENTS CI-APRÈS, LES ADRESSES, LES NUMÉROS DE TÉLÉPHONE ET LES INDICATIONS FOURNIES SONT SOUMISES À DES MODIFICATIONS DONT NOUS NE SERIONS PAS RESPONSABLES.

Alsace du Nord

Restaurants, winstubs et fermes-auberges

MAISON KAMMERZEL
16, place de la Cathédrale
Strasbourg
Tél. 88 32 42 14

LE CROCODILE
10, rue de l'Outre
Strasbourg
Tél. 88 32 23 02

LE BUEREHIESEL
4, parc de l'Orangerie
Strasbourg
Tél. 88 61 62 24

A LA CHARRUE
30, rue de la République
Hoerdt
Tél. 88 51 31 11

AUBERGE DU CHEVAL BLANC
4, route de Wissembourg, Lembach
Tél. 88 94 41 86

FERME-AUBERGE DU MOULIN DES SEPT FONTAINES
Drachenbronn
Tél. 88 94 50 90

S'BATSBERGER STULWEL
25, rue Principale
Imbsheim
Tél. 88 70 73 85

ENS NEUBURS
16, rue Principale, Buswiller
Tél. 88 70 97 54

HOSTELLERIE DU CERF
30, rue du Général-de-Gaulle
Marlenheim
Tél. 88 87 73 73

CHEZ PHILIPPE
4 place de l'Eglise, Blaesheim
Tel 88 68 86 00

Curiosités

CHRISTIANE BISCH
(Ecole de cuisine)

22, rue Baldner
Strasbourg-Neudorf
Tél. 88 44 29 23/88 79 04 03

MUSÉE DES ARTS DÉCORATIFS
(Faïence, porcelaine)
Palais Rohan
Place du Château
Strasbourg
Tél. 88 52 50 00

MUSÉE ALSACIEN
(Arts et artisanat populaires)
23-25, quai Saint-Nicolas
Strasbourg
Tél. 88 35 55 36

MUSÉE DE L'ŒUVRE-NOTRE-DAME
(Art du Moyen Age et de la
Renaissance, jardin d'herbes)
Place du Château
Strasbourg
Tél. 88 32 88 17

MUSÉE DU PAYS DE HANAU
(Costumes, arts et artisanat locaux)
Place du Château
Bouxwiller
Tél. 88 70 70 16

MUSÉE DES ARTS ET
TRADITIONS POPULAIRES
(Collection de moules)
Rue des Remparts
La Petite-Pierre
Tél. 88 70 41 41

LA MAISON DU VERRE
ET DU CRISTAL
(Histoire de la verrerie)
Meisenthal
Tél. 87 96 91 51

VERRERIES ROYALES
DE SAINT-LOUIS
(Ateliers et boutique)
Saint-Louis-le-Bitche
Lemberg
Tél. 87 06 40 04

MAISON DU KOCHERSBERG
(Traditions régionales)
Place du Marché
Truchtersheim
Tél. (Mairie) 88 69 60 30

Spécialités régionales

FRICK-LUTZ
(Boucherie-charcuterie)
16, rue des Orfèvres
Strasbourg
Tél. 88 32 60 60

LA CHARCUTERIE ALSACIENNE
39, rue du 22 Novembre
Strasbourg
Tél. 88 75 16 04

JEAN LUTZ
(Foie gras)
5, rue du Chaudron
Strasbourg
Tél. 88 32 00 64

BURGARD
(Bretzels)
22, rue des Orfèvres
Strasbourg
Tél. 88 22 67 30

NAEGEL
(Pâtissier-traiteur)
9, rue des Orfèvres, Strasbourg
Tél. 88 32 82 86

(En haut) Les toits pentus des maisons à colombage de La Petite-France, à Strasbourg, se reflètent dans l'Ill. (Ci-dessus et à gauche) Le vieux quartier de Strasbourg, au cœur de la ville, est renommé pour ses winstubs où l'on sert des plats locaux et du vin au pichet.

*(Ci-dessus) Les maisons de Bouxwiller en habit de Noël.
(Ci-dessous) La Petite-Pierre.
(Page suivante, à droite) Danseurs à Saint-Hippolyte.
(Page suivante, à gauche) La ville de Kentzheim.*

CHRISTIAN
(Pâtissier-chocolatier-salon de thé)
18, rue Mercière
et 12, rue de l'Outre
Strasbourg
Tél. 88 22 12 70 et 88 32 04 41

MULHAUPT
(Pâtisserie)
18, rue du Vieux-Marché-aux-Poissons
Strasbourg
Tél. 88 23 15 02

SCHOLLER
(Pain au levain et pain biologique)
10, place de Broglie
Strasbourg
Tél. 88 32 39 09

WOERLE
(Boulangerie)
10, rue de la Division-Leclerc
Strasbourg
Tél. 88 32 00 88

LA FROMAGÈRE
(Gérard Blondeau)
13, route de Saverne
Oberhausbergen
(et sur les marchés de Strasbourg : boulevard de la Marne le mardi et le samedi ; place de Broglie le mercredi et le vendredi)
Tél. 88 56 20 79

EMIL HEIL
(Pain paysan)
15, rue des Vosges, Wingen
Tél. 88 94 40 10

ALBERT GRAMMES
(Fromage de chèvre)
24, route de Mattstall, Lembach
Tél. 88 94 21 72

CAVE VINICOLE DE CLEEBOURG
Route du Vin
Cleebourg
Tél. 88 94 50 33

BOUCHERIE-CHARCUTERIE
RICHERT
(Gibier et charcuterie)
Lembach
Tél. 88 94 40 14

PÂTISSERIE-CONFISERIE
ISENMANN
28, Grand-Rue
Bouxwiller
Tél. 88 70 70 50

BOUCHERIE-CHARCUTERIE
MARIUS
(Tourtes)
50, Grand-Rue, Bouxwiller
Tél. 88 70 71 04

BRASSERIE METEOR
Hochfelden
Tél. 88 71 73 73

Marchés

Barr : samedi.
Brumath : mercredi.
Hochfelden : mardi.
Marlenheim : samedi.
Strasbourg : mardi (Neudorf, boulevard de la Marne et place de Bordeaux) ; mercredi (place de Broglie) ; samedi (Neudorf, boulevard de la Marne, place de Bordeaux et place du Marché-aux-Poissons).
Wissembourg : samedi.

Foires et fêtes locales

Bouxwiller : foire de Noël (décembre).
Brumath : foire aux Oignons (fin septembre).
Cleebourg : fête des Vendanges (dernier dimanche de septembre).
Hoerdt : fête des Asperges (mai).
Krautergersheim : fête de la Choucroute (fin septembre/début octobre).
Strasbourg : Christkindelsmärick (marché de Noël ; du quatrième dimanche de novembre à la veille de Noël).

La route des Vins

Restaurants, wistubs et fermes-auberges

HOSTELLERIE DU CERF
30, rue du Général-de-Gaulle
Marlenheim
Tél. 88 87 73 73

CAVEAU NARTZ
Dambach-la-Ville
Tél. 88 92 41 11

WISTUB DU SOMMELIER
51, Grand'rue, Bergheim
Tél. 89 73 69 99

WISTUB ZUM PFIFFERHÜS
14, Grand'rue, Ribeauvillé
Tél. 89 73 62 28

AUX ARMES DE FRANCE
1, Grand'rue
Ammerschwihr
Tél. 89 47 10 12

AU FER ROUGE
52, Grand'rue
Colmar
Tél. 89 41 37 24

MAISON DES TÊTES
19, rue des Têtes
Colmar
Tél. 89 24 43 43

AUX TROIS POISSONS
15, quai de la Poissonerie
Colmar
Tél. 89 41 25 21

WISTUB BRENNER
1, rue de Turenne
Colmar
Tél. 89 41 42 33

CAVEAU SAINT-JEAN
47, Grand'rue
Colmar
Tél. 89 41 68 02

AUBERGE DU VEILLEUR
12, place de Turenne, Turckheim
Tél. 89 27 32 22

LE PAVILLON GOURMAND
101, rue du Rempart-Sud
Eguisheim
Tél. 89 24 36 88

LA GRANGELIÈRE
59, rue du Rempart-Sud, Eguisheim
Tél. 89 23 00 30

Curiosités

MUSÉE DE LA FOLIE MARCO
(Demeure et jardins du XVIIIe siècle)
Barr
Tél. 88 08 66 65

MUSÉE D'UNTERLINDEN
(Art du Moyen Age à nos jours,
ustensiles pour le vin)
1, rue d'Unterlinden, Colmar
Tél. 89 41 89 23

CONFRÉRIE DE SAINT-ÉTIENNE
ET MUSÉE DU VIGNOBLE
ET DES VINS D'ALSACE
Château de Kientzheim
Kientzheim
Tél. 89 78 23 84 (confrérie)
ou 89 78 21 36 (musée)

COMITÉ D'EXPLOITATION DU
TRAIN FOLKLORIQUE DE
ROSHEIM-OTTROTT
Ottrott
Tél. 88 95 91 14

Spécialités régionales

SIFFERT
(Fromage)
35, route de Rosenwiller, Rosheim
Tél. 88 50 20 13

(A droite) Vendangeur près de Wangen dans le nord de l'Alsace. Autrefois, les vignerons devaient donner une partie de leur vin au seigneur du village. Aujourd'hui, on commémore la suppression de ce privilège en juillet par une grande fête au cours de laquelle le vin coule à flots.

(Ci-dessus) Les ruines du château médiéval de Saint-Ulrich dominent le pittoresque village viticole de Ribeauvillé. Certains des meilleurs rieslings d'Alsace sont cultivés dans les vignobles qui couvrent les coteaux abrupts situés au-dessus de la bourgade. *(A gauche)* Un moule à kougelhopf traditionnel orne la façade de cette boulangerie. Le célèbre gâteau est typique de la région. *(Page suivante)* Enseignes à Eguisheim et à Riquewihr.

CHRISTINE FERBER
(Confitures)
18, rue des Trois-Epis
Niedermorschwihr
Tél. 89 27 05 69

LA FROMAGERIE SAINT-NICOLAS
18, rue Saint-Nicolas
Colmar
Tél. 89 24 90 45

MAISON PFISTER
(Vin, eau-de-vie)
11, rue des Marchands
Colmar
Tél. 89 41 33 61

LÉONARD HELMSTETTER
(Pain)
11-13, rue des Serruriers
Colmar
Tél. 89 41 27 78

GLASSER
(Charcuterie, tourtes)
18, rue des Boulangers
Colmar
Tél. 89 41 23 69

JEAN
(Pâtissier-chocolatier)
6, place de l'Ecole
Colmar
Tél. 89 41 24 63

POISSONERIE WERTZ
20, quai de la Poissonerie
Colmar
Tél. 89 24 32 92

LA COTONNIÈRE D'ALSACE
(Paule Marrot)
1, rue des Clefs
Colmar
Tél. 89 22 46 00

ART ET COLLECTIONS D'ALSACE
1, rue des Tanneurs
Colmar
Tél. 89 24 09 78

GRIMMER
(Chocolat)
61, route de Colmar
Wintzenheim
Tél. 89 80 60 40

GILBERT MARX
(Pain, bretzels)
39, Grand'rue
Eguisheim
Tél. 89 41 32 56

GILBERT SCHLURAFF
(Boucherie)
69, rue du Maréchal-de-Lattre-de-Tassigny
Soultz
Tél. 89 76 92 62

A. SCHELLENBERGER
(Viande biologique)
1, rue du Maréchal-de-Lattre-de-Tassigny, Soultz
Tél. 89 76 85 06

Producteurs de vin

ROMAIN FRITSCH
49, rue du Général-de-Gaulle
Marlenheim
Tél. 88 87 51 23

FRÉDÉRIC MOCHEL
56, rue Principale, Traenheim
Tél. 88 50 38 67

ROLAND SCHMITT
35, rue des Vosges, Bergbieten
Tél. 88 38 20 72

JEAN HEYWANG
7, rue Principale, Heiligenstein
Tél. 88 08 91 41

ALBERT SELTZ
21, rue Principale, Mitterbergheim
Tél. 88 08 91 77

ARMAND GILG
2, rue Rotland, Mittelbergheim
Tél. 88 08 92 76

MARC KREYDENWEISS
12, rue Deharbe, Andlau
Tél. 88 08 95 83

DOMAINE J.-L. DIRRINGER
5, rue du Maréchal-Foch
Dambach-la-Ville
Tél. 88 92 41 51

ROLLY-GASSMANN
1, rue de l'Eglise, Rorschwihr
Tél. 89 73 63 28

DOMAINE MARCEL DEISS
15, route du Vin
Bergheim
Tél. 89 73 63 37

ANDRÉ KIENTZLER
50, route de Bergheim
Ribeauvillé
Tél. 89 73 67 10

HUGEL ET FILS
3, rue de la Première-Armée, Riquewihr
Tél. 89 47 92 15

FRÉDÉRIC MALLO
2, rue Saint-Jacques, Hunawihr
Tél. 89 73 61 41

LES CAVES J.-B. ADAMS
6, rue de l'Aigle, Ammerschwihr
Tél. 89 78 23 21

CAVE VINICOLE DE TURCKHEIM
16, rue des Tuileries, Turckheim
Tél. 89 27 06 25

DOMAINE
ZIND-HUMBRECHT
Route de Colmar, Turckheim
Tél. 89 27 02 05

LÉON BEYER
2, rue de la Première-Armée-
Française, Eguisheim
Tél. 89 41 41 05

KUENTZ-BAS
14, route du Vin, Husseren-les-Châteaux
Tél. 89 49 30 24

THÉO CATTIN ET FILS
35, rue Roger-Frémeaux
Voegtlinshoffen
Tél. 89 49 30 43

DOMAINE LUCIEN ALBRECHT
9, Grand'rue, Orschwihr
Tél. 89 76 95 18

JEAN-PIERRE DIRLER
13, rue d'Issenheim, Bergholtz
Tél. 89 76 91 00

DOMAINES SCHLUMBERGER
100, rue Théodore-Deck, Guebwiller
Tél. 89 74 27 00

Marchés

Andlau: mercredi.
Barr: samedi.
Bergheim: lundi.
Colmar: jeudi, samedi.
Dambach-la-Ville: mercredi.
Kaysersberg: lundi.
Obernai: jeudi.
Ribeauvillé: samedi.
Riquewihr: vendredi.
Rosheim: vendredi.
Rouffach: mercredi(de 17 à 19 heures, produits biologiques); samedi.
Thann: samedi.
Turckheim: vendredi.
Wintzenheim: vendredi.

Foires et fêtes locales

Ammerschwihr : foire aux Vins (dernier dimanche d'avril).
Barr : fête des Vendanges (premier dimanche d'octobre).
Dambach-la-Ville : Nuit du Vin (premier samedi de juillet).
Gueberschwihr : fête de l'Amitié, Portes et Caves ouvertes (mi-août).
Heiligenstein : fête du Klevener (le dimanche précédant le 15 août).
Itterswiller : fête du Vin nouveau (deuxième dimanche d'octobre).
Kaysersberg : marché de Noël (les trois week-ends précédant Noël).
Marlenheim : Mariage de l'Ami Fritz (14-15 août).

Mittelbergheim: fête du Vin (dernier week-end de juillet).
Osenbach: fête de l'Escargot (début mai).
Ottrott: fête du Village et du Rouge d'Ottrott (troisième dimanche d'août).
Ribauvillé: fête du Kougelhopf (première quinzaine de juin); Pfifferdäj (premier dimanche de septembre).
Rouffach: foire du Vin, du Pain et du Fromage éco-biologiques (week-end de l'Ascension).
Westhoffen: fête de la Cerise (deuxième et troisième dimanches de juin).

Le Sundgau et la plaine du Rhin

Restaurants, Brasseries et Fermes-Auberges

BRASSERIE GAMBRINUS
5, rue des Franciscains, Mulhouse
Tél. 89 66 18 65

HÔTEL DU PARC
26, rue de la Sinne, Mulhouse
Tél. 89 66 12 22

LE PETIT ZINC
15, rue des Bons-Enfants, Mulhouse
Tél. 89 46 36 78

LA POSTE
7, rue du Général-de-Gaulle
Riedesheim
Tél. 89 44 07 71

LA TONNELLE
61, rue du Maréchal-Joffre
Riedesheim
Tél. 89 54 25 77

RESTAURANT AU SOLEIL
17, Grand'rue, Ueberstrass
Tél. 89 25 60 13

LA MARMITE
38, rue du Premier-Septembre
Muespach
Tél. 89 68 62 62

AUBERGE ET HOSTELLERIE
PAYSANNE
24, rue de Wolschwiller
Lutter
Tél. 89 40 71 67

AUBERGE DU VIEUX
MOULIN DE BENDORF
Route de Winkel, Bendorf
Tél. 89 40 81 38

AUBERGE DU MORIMONT
Ferme du Morimont, Oberlarg
Tél. 89 40 88 92

HÔTEL-RESTAURANT
DU PETIT KOHLBERG
Le Petit Kohlberg
Tél. 89 40 85 30

AUBERGE SAINT-BRICE
Chapelle de Saint-Brice, Oltingue
Tél. 89 40 74 31

CAFÉ-RESTAURANT
AU CHEVAL BLANC
20, rue Principale
Kiffis
Tél. 89 40 33 05

HÔTEL-RESTAURANT JENNY
84, rue de Hégenheim
Hagenthal-le-Bas
Tél. 89 68 50 09

LA COURONNE
6, rue du Soleil
Buschwiller
Tél. 89 69 12 62

L'ANCIENNE FORGE
52, rue Principale
Hagenthal-le-Haut
Tél. 89 68 56 10

BIRY
5, rue de Belfort
Village-Neuf
Tél. 89 69 17 60

Curiosités

MUSÉE FRANÇAIS
DU CHEMIN DE FER
3, rue Alfred de Glehn
Mulhouse
Tél. 89 42 25 67

MUSÉE DE L'AUTOMOBILE
(Collection Schlumpf
de véhicules anciens)
192, avenue de Colmar
Mulhouse
Tél. 89 42 29 17

MUSÉE DE L'IMPRESSION
SUR ÉTOFFES
3, rue des Bonnes-Gens
Mulhouse
Tél. 89 45 51 20

MUSÉE HISTORIQUE
Hôtel de Ville
Mulhouse
Tél. 89 45 43 20

ECOMUSÉE D'ALSACE
(Village-musée, maisons
à colombage, artisanat)
Ungersheim
Tél. 89 74 44 74

MAISON DU SUNDGAU
(Costumes et ustensiles locaux)
Oltingue
Tél. 89 40 79 24

Spécialités régionale

AU BOUTON D'OR
(Fromagerie)
5, place de la Réunion, Mulhouse
Tél. 89 45 50 17

JACQUES
(Pâtissier-chocolatier)
1, place de la Réunion, Mulhouse
Tél. 89 66 45 46

LA CHARCUTERIE ALSACIENNE
Cour des Maréchaux, Mulhouse
Tél. 89 66 57 50

LES PETITES HALLES
(Fruits, légumes, herbes)
22, rue du Sauvage
Mulhouse
Tél. 89 56 50 82

AU BON NÈGRE
(Café, thé)
22, rue du Sauvage
Mulhouse
Tél. 89 45 15 13

BRETZELS ROLAND
62, rue des Puits, Mulhouse
Tél. 89 65 55 42

AU BRETZEL CHAUD
41, rue du Sauvage
Mulhouse
Tél. 89 46 65 22

COUVENT D'OELENBERG
(Fromages des trappistes, légumes, miel, farine)
Rue Oelenberg, Reiningue
Tél. 89 81 91 23

GISSINGER
(Préparations aux escargots)
24, rue de l'Or,
Hindlingen
Tél. 89 25 70 62

SUNDGAU TERROIR
(Produits régionaux de la ferme)
50, rue de l'Eglise,
Vieux-Ferrette
Tél. 89 40 40 45

PAIN RUF
(Pain au levain et au blé complet, cuits au four à bois)
42, rue Principale,
Michelbach-le-Haut
Tél. 89 68 75 01

SUNDGAUER KASKELLER
(Fromage)
17, rue de la Montagne
Vieux-Ferrette
Tél. 89 40 42 22

ETIENNE FERNEX
(Fromage de chèvre)
22, rue Principale,
Biederthal
Tél. 89 07 35 15

FERME WYSS-CHRISTEN
(Fromage de chèvre)
15, Thannwald,
Leymen
Tél. 89 68 59 59

MOULIN DE HESINGUE
(Farine)
3, rue du Moulin
Hésingue
Tél. 89 69 18 23

FREUND ET FILS
(Vins fins, bordeaux et bourgognes)
1, rue de Bourgfelden, Hégenheim
Tél. 89 69 09 09

GREDER FRÈRES
(Vins de la coopérative d'Eguisheim et autres)
16, rue de Hésingue
Tél. 89 69 17 97

ADRIEN VONARB
(Poisson du Rhin et truite d'élevage, plats cuisinés de poisson)
1, rue Mittelhardt, Balgau
Tél. 89 48 62 71 ou 89 48 59 78

RÉMY MEYER
(Tomme de prés du Ried)
23, route de Sélestat
Mutterholtz
Tél. 88 85 12 42

MINOTERIE KIRCHER
(Farine moulue à la pierre)
Ebersheim
Tél. 88 85 71 10

Marchés

Altkirch: samedi.
Mulhouse: mardi, jeudi, samedi (Canal couvert).
Riedesheim: mercredi.
Saint-Louis: samedi.
Waldighoffen: vendredi.

Foires et fêtes locales

Altkirch: foire Sainte-Catherine (dernier jeudi de novembre).
Bernwiller: Altbürafascht (fête ancienne des fermiers; deuxième dimanche de septembre).
Durmenach: Sundgauer Büramart (marché fermier; mi-mai et mi-septembre).
Ferrette: foire Saint-Nicolas (début décembre).
Hagenthal-le-Bas: salon des Vins et des Fromages (dernier week-end d'août).
Michelbach-le-Bas: fête du Pain (deuxième dimanche de septembre).
Mulhouse: fête du Tissu (troisième jeudi d'avril et septembre); Journées d'Octobre (foire d'automne; première semaine d'octobre).

(Ci-dessus) Étang à carpes dans le Sundgau. Chaque année, entre mars et avril, on implante des carpes dans les étangs pour les engraisser tout au long de l'été avec un mélange de maïs doux, de seigle et d'orge. En automne, elles sont ainsi prêtes pour la pêche. (Page précédente) Bernwiller.

Les Vosges

Restaurants et Fermes-Auberges

AUBERGE DU SCHLUMPF
Dolleren
Tél. 89 82 08 82

FERME-AUBERGE
DU MOLKENRAIN
Wattwiller
Tél. 89 81 17 66

TAVERNE DU VIGNERON
7, place Saint-Léger, Guebwiller
Tél. 89 76 81 89

FERME-AUBERGE GLASHÜTTE
Rimbach
Tél. 89 76 88 04

FERME-AUBERGE BUCHWALD
Breitenbach
Tél. 89 77 54 37

FERME-AUBERGE LAMEYSBERG
Breitenbach
Tél. 89 77 35 30

FERME-AUBERGE CHRISTELSGUT
Breitenbach
Tél. 89 77 51 11

FERME-AUBERGE KASTELBERG
Route des Crêtes, Metzeral
Tél. 89 77 62 25

FERME-AUBERGE DU HAYCOT
Le Bonhomme
Tél. 89 47 21 46

FERME-AUBERGE DU PETIT-HAUT
Sainte-Marie-aux-Mines
Tél. 89 58 72 15

FERME-AUBERGE
DU GLASBORN-LINGE
Orbey
Tél. 89 77 37 78 ou 89 77 59 35

FERME-AUBERGE KÉBESPRÉ
Lapoutroie
Tél. 89 47 50 71

FERME-AUBERGE IRRKRÜT
Col de Fouchy
Tél. 88 57 09 29

TABLE D'HÔTE PROMONT
Ranrupt
Tél. 88 97 62 85

LA PETITE AUBERGE
6, rue Principale, Le Hohwald
Tél. 88 08 33 05

Curiosités

CHEMIN DE FER TOURISTIQUE
DE LA VALLÉE DE LA DOLLER
(Train à vapeur Cernay-Sentheim)
10, rue de la Gare, Sentheim
Tél. 89 82 88 48

LE MOULIN DE STORKENSOHN
(Huile de noix)
Storkensohn
Tél. 89 82 75 50

MUSÉE DE LA SCHLITTE
Muhlbach
Tél. 89 77 61 08

JARDIN D'ALTITUDE
DU HAUT CHITELET
(Plantes alpines dans
leur habitat naturel)
Col de la Schlucht
Gérardmer
Tél. 29 63 31 46

MUSÉE ET MÉMORIAL DU LINGE
Orbey

MAISON DU VAL DE VILLÉ
(Traditions et artisanat local)
Le Val de Villé
Albé
Tél. 88 85 68 09

Spécialités régionales

BERNARD BRINGEL
(Foie gras, charcuterie)
Guewenheim
Tél. 89 82 51 15

P. ADAM
(Vin)
Lauw
Tél. 89 82 40 37

ALAIN STURM
(Boucherie-charcuterie-traiteur)
5, rue du Vieil-Armand
Cernay
Tél. 89 75 42 65

CHRISTMANN
(Pâtisserie-salon de thé)
8, place de l'Hôtel-de-Ville
Guebwiller
Tél. 89 74 27 44

DISCHINGER
(Spécialités alsaciennes, fromage)
2, Grand'rue
Munster
Tél. 89 77 36 92

DANIEL JACQUAT
(Boucherie), 44, Grand'rue
Munster
Tél. 89 77 19 36

GÉRARD WENDLING
(Gibier, boucherie)
58, Grand'rue, Munster
Tél. 89 77 36 64

JEAN-PAUL GILG
(Pâtissier-chocolatier-glacier)
11, Grand'rue, Munster
Tél. 89 77 37 56

DOMAINE WEINBACH
(CLOS DES CAPUCINS)
(vin)
25, route du Vin, Kaysersberg
Tél. 89 47 13 21

PÂTISSERIE LOECKEN
(Kougelhopf)
46, rue du Général-de-Gaulle
Kaysersberg
Tél. 89 47 34 35

JEAN-LOUIS BRUXER
(Boucherie)
107, rue du Général-de-Gaulle
Kaysersberg
Tél. 89 78 23 19

LE CELLIER DES MONTAGNES
(Spécialités locales)
Hachimette
Tél. 89 47 23 60

JACQUES HAXAIRE
(Munster)
Lapoutroie
Tél. 89 47 50 76

CHRISTINE ET PATRICK CHAIZE
(Munster, fromage de montagne)
215, Basses-Huttes, Orbey
Tél. 89 71 30 42

FERME DU PRÉ DU BOIS
(Munster, fromage de montagne,
produits laitiers)
Orbey
Tél. 89 71 22 11

LES CONFITURES DU CLIMONT
La Salcée
Tél. 88 97 72 01

F. MEYER
(Eau-de-vie)
19-20, rue Principale, Hohwarth
Tél. 88 85 63 95

MARIE-FRANÇOISE HUBRECHT
(Eau-de-vie)
8, rue de Kuhnenbach,
Maisonsgoutte
Tél. 88 57 17 79

Marchés

Kaysersberg: lundi.
Lapoutroie: vendredi.
Munster: mardi, samedi.
Orbey: mercredi, samedi.
Soultz: mercredi.
Thann: samedi.
Villé: mercredi.

Foires et fêtes locales

Breitenbach: fête de la Cerise et du Kirsch (fin juin).
Guebwiller: foire aux Vins (mi-mai).
Masevaux: Jeu de la Passion (dimanches du carême).
Munster: festival de Jazz (week-end de l'Ascension); fête de la Tourte (dernier week-end de septembre).
Saint-Pierre-des-Bois: Rêve d'une nuit d'été (Son et lumière; deuxième et troisième week-ends de juillet).
Sainte-Marie-aux-Mines: Bourse des Minéraux (premier week-end de juillet); fête du Tissu (avril et octobre).

(Ci-dessous) Dans ce vallon au-dessus de Lapoutroie, les fermes solitaires des Vosges se dressent à l'extrémité de petits chemins tortueux.
(Page précédente) La rivière à Kaysersberg.

Liste des recettes

*Les numéros de pages en **gras** renvoient aux illustrations.*

SOUPES ET ENTRÉES

Asperges d'Alsace et roquette en vinaigrette au foie gras 32, **32**
Aumônières de champignons et d'escargots, sauce ciboulette 67
Barlauchsupp 94
Bouchées à la reine 99
Charlotte aux pointes d'asperges et à la mousse de jambon 90, **91**
Duo de tartes flambées au saumon et aux escargots 96, **96**
Foie gras en terrine 36
Mousseline de poissons fumés 120-121, **120**
Omelette au lard et au jambon 121
Pâté vosgien 124-125, **125**
Quiche aux champignons à l'alsacienne 68-69
Soupe aux pois cassés 36
Tarte à l'oignon 69, **69**
Terrine légère au gewurztraminer 70
Tourte de la vallée de Munster 124
Tourte Irrkrüt au munster 119, **118**

SALADES, LÉGUMES ET PÂTES

Carottes et céleri aux petits lardons 40, **40**
Chou rouge à l'alsacienne 122, **123**
Flans de potiron 122, **123**
Fricassée de champignons des bois 35, **34**
Galettes de maïs 95
Gratin de poireaux et de pommes de terre 39
Gratin de pommes de terre et céleri au vin blanc d'Alsace 70
Grumbeerekiechle au chèvre chaud 39, **38**
Pâtes maison 73, **72**
Petits choux farcis aux oignons et aux marrons 122, **123**
Potée de Hagenthal 100
Ragoût de lentilles au haddock et au raifort 36, **37**
Salade de mâche des vignes au foie gras de canard 66-67, **66**
Salade de munster chaud 94
Salade de pommes de terre aux lardons 121
Salade tiède au fleischschnacka 94-95, **95**
Salade vigneronne 67
Spätzles 41
Timbales de choucroute 39

POISSONS ET CRUSTACÉS

Carpes frites du Sundgau 92-93, **93**
Harengs marinés à la crème 68
Matelote de poisson de nos rivières 96-97, **97**
Mousseline de poissons fumés 120-121, **120**
Ragoût de lentilles au haddock et au raifort 36, **37**
Saumon frais et fumé en croûte à la choucroute 42-43, **42**
Tournedos de lotte lardé à la compote d'oignon au rouge d'Alsace 91, **91**

VIANDES, VOLAILLES ET GIBIER

Baeckeoffe du Cheval blanc 100-101, **101**
Cailles à la vigneronne 70, **71**
Civet de chevreuil aux chanterelles 62, **63**
Cuisses de poulet à la bière Ackerland 43
Filets de chevreuil aux champignons en croûte 126
Kassler en croûte 64, **65**
Lapin grand-mère 125
Magrets de canard à la choucroute et aux pommes 98-99, **98**
Poulet au riesling 73, **72**
Poulet sauté, sauce au foie gras 43
Râble de lièvre au raifort 35, **35**
Surlawerla 100

DESSERTS, GÂTEAUX ET ENTREMETS

Charlotte aux fruits rouges du Sundgau 102
Clafoutis aux poires et au gingembre 119
Crème anglaise 102-103
Fine tartelette à la rhubarbe, confiture de fraise 33, **33**
Gâteau au chocolat du sommelier 75
Gâteau au vin blanc, sauce aux baies rouges 93, **93**
Gâteau chasseur 44
Glace au miel de sapin et aux fruits des bois 127, **127**
Kougelhopf 64-65, **65**
Mousse au fromage blanc, coulis de framboise 129
Mousse aux mirabelles 63, **63**
Parfait glacé au kirsch 129
Soupe de pêches de vigne au muscat et à la menthe 75
Strüdel aux quetsches 45, **45**
Tarte au fromage blanc 103, **103**
Tarte au raisin et aux noix 74, **74**
Tarte aux myrtilles sauvages 129, **128**

PAINS ET CONSERVES

Confiture de quetsches d'Alsace aux noix et à la cannelle 75
Pain à la bière façon Fred 44
Pain aux noix et aux lardons 126-127
Vinaigre aux épices 44

INDEX

A

Adam, famille (Ammerschwihr) 56
Agneau 100
Ail sauvage 94
Albé 117
Albrecht, Lucien 60
Alsace grand cru (appellation) 52
Altbürafascht 81
Altkirch 81, 82
Amande 44, 74
Ammerschwihr 53, 56
Ancienne Forge (L') (Hagenthal-le-Haut) 90, 91
Andlau 52
Antony, Bernard 84, 92
Antony, Jeannine 100
Arnold, famille (Itterswiller) 62
Asperge 22, 32, 87, 90
Auberge
   de l'Ill 48, 83
   du Cheval Blanc 34, 35
   du Morimont 84
   du Schlumpf 106
   du Veilleur 59
   du Vieux Moulin de Bendorf 84
   Paysanne 82, 85, 94
   Saint-Brice 84
Aux Armes de France (Ammerschwihr) 56
Auxerrois 53

B

Baeckoffe ou Baeckeoffe 13, 21, 82, 92, 100
Ballon d'Alsace 106, 109
Barr 51
Bas, Christian 61
Bas-Rhin 9, 48-53
Baudroux, Georges et Liliane 84
Behra, Madame 106
Beignet de fromage 113
Berawecke 26
Bergbieten 50
Bergheim 54
Bière 29, 43

Birawecka 26
Biry (Village-Neuf) 88
Bisch, Christiane 25
Biscuits Springerle 17, 27
Bouchée à la reine 111
Boudin 26
Boulangerie Helmstetter (Colmar) 57
Bouton d'Or, fromages (Mulhouse) 77, 78
Bouxwiller 18
Brasserie Gambrinus (Mulhouse) 81
Bredle 27
Bretzel 18, 20
Bringel, Bernard 106
Brumath 22
Bruxer, Monsieur 108, 115
Buchinger, Bernard (Abbé) 10, 84, 88
Buerehiesel (restaurant) 32
Burgard 26
Buschwiller 87
Buswiller 19

C

Caille 35, 70
Canard 32, 36, 98
Canne du marcaire (saucisse) 113
Carpe 80, 87, 92
Casenave, Michel 59
Cassoulet "sundgauvien" 100
Cattin, Théo 60
Cave vinicole de Cleebourg 21
Caveau 48, 53, 59
   Caveau Nartz (Dambach-la-Ville) 53
   Caveau Saint-Jean (Colmar) 59
Caves des Frères Greder 87
Céleri-rave 40, 70
Cépage 49, 111
Cerisier 53
Cernay 109
Chaize, Patrick 115
Champignon 35, 66, 67, 68, 126
Chanterelle 62
Charcuterie alsacienne 78, 108
Chasse 23, 113

Chasselas 74
Chevreuil 22, 62, 126
Chocolat 26, 59, 75
Chocolatier Grimmer 59
Chou 30, 122
Chou rouge 122
Choucroute 13, 31, 39, 42, 81, 87, 98
Christkindelsmärik (marché de Noël) 25
Christmann, Madame 111
Christolle 26
Clause, Jean-Pierre 25, 26
Clos des Capucins 115
Clos du val d'Eleon (vin) 52
Col des Bagenelles 115
Colmar 56, 57-59
Comté 26
Confit de canard 87
Confitures 110, 117
   du Climont (Les) 117
Confrérie Saint-Étienne 56
Conserves 117
Cotonnière d'Alsace (La) (Colmar) 59
Crème fleurette 35, 39, 103
Crépine de porc 91
Cru 52
Cuvée vieilles vignes (vin) 52

D

Dambach-la-Ville 52, 53
Deiss, Jean-Michel 54
Deybach, famille (Wattwiller) 109
Dinde 70
Dirler, Jean-Pierre 60
Dirringer, Monsieur 53
Dischinger, famille (Breitenbach) 113
Domaine du Bouxhof 14
Dubs, Serge 48

E

Échalote 66, 67, 68, 70
Échine de porc 70
Écomusée d'Artolsheim 88
Edelzwicker 51, 93

Eguisheim 60, 87
Épices 44
Ermoldus Nigellus 47
Escargot 67, 96
Escargotière 82

F

Faïence 28
Faller, Madame 115
Farine 88
Feldbach 82
Ferber, Christine 110
Ferme 115, 117
   du Pré du Bois 115, 117
   Promont 117
Ferme-auberge 80, 107, 109-118
   Buchwald 110, 113
   Christlesgut 113
   du Petit-Haut 115
   du Wittertalhof 117
   Glasborn-Linge 115
   Glashütte 111
   Le Haycot 115
   Irrkrüt 118
   Kébespré 115
   Lameysberg 113
   Molkenrain 109
   vallée de Munster 111, 113
   Paradisvogel (Bernwiller) 80
Fernex, Monsieur 87
Ferrette 84
Fête du Pain 84
Flammekueche 19, 21
Flan 122
Fleischschnacka 81, 94
Foie gras 25, 36, 43, 66, 106
Foire 22, 78, 81
   aux étoffes 78
   d'automne aux oignons 22
   de Sainte-Catherine 81
Forêt 88, 105
   de la Hardt 88
Framboise 129

Index

Freund, Monsieur 87
Fritsch, Romain 48
Fromage 39, 57, 70, 77, 78, 87, 103, 115
   blanc 103
   de chèvre 39, 70, 115
   fromagerie de Saint-Nicolas (Colmar) 57
   fromages (Bouton d'Or à Mulhouse) 77, 78
Fruit sec 26
Fruits rouges 44, 102
Fulgraff, Patrick 59
Fumaison 108

G

Gaertner, Philippe 56
Gassmann, Louis 53
Gewurztraminer 10, 48, 60, 70
Gibier 22, 88, 116, 122
Gilg, Jean-Paul 111, 129
Gingembre 119
Gissinger, Monsieur 82
Grain noble (sélection) 10, 59
Grand Ballon 109, 111
Grentzingen 82
Grimmer (chocolatier) 59
Groseille 126
Grumbeerehiechle au chèvre chaud 39
Grumbeerewurscht 22
Gueberschwihr 60
Guebwiller 111
Guerre de Trente Ans 47, 77

H

Haag, famille (Hochfelden) 29
Hachimette 115
Haddock 36
Hagenthal 87
Hanauer quetschtorte 18
Hannong, famille (Strasbourg) 28
Haut-Rhin 9, 48
Haxaire, Jacques 115
Hazemann, Madame 117
Hegenheim 87
Heiligenstein 51
Heine, Jean-Marie 78
Helmstetter boulangerie (Colmar) 57
Herbes 44

Herrenstubengesellschaft 56
Hésingue 87
Heyer, Monsieur 100
Heywang, Jean 51
Hindlingen 82
Hiriwurscht 100
Hochfelden 28
Hohrod 115
Hostellerie du Cerf (Marlenheim) 48, 66
Hôtel de Ville (Mulhouse) 77, 79
Hôtel du Parc (Mulhouse) 81
Hôtel-Winstub Arnold (Itterswiller) 52
Houblon 28
Hugel, famille (Riquewihr) 56
Humbrecht, Léonard 59
Hunawihr 56
Huningue 87, 88
Husselstein, Monsieur 19
Husser, Michel et Robert 48, 66

I J

Ill 81
Ingwiller 18
Interlinden 56
Isenmann, Monsieur 18, 19
Issenhausen 19
Itterswiller 52
Jacquat, Monsieur 124
Jambon 39, 68, 90, 121
Jardin d'Altitude du Haut Chitelet 114
Jardin maraîcher 87
Jenny (hôtel-restaurant) 87
Jung, Émile 26
Jura alsacien 84-88

K

Kaefferkopf (vignoble) 56
Käskeller 84
Kastelberg (ferme) 113, 114
Kaysersberg 8, 112, 114, 115
Kempf, famille (vallée de Munster) 113
Kientzheim (château) 56
Kiffis 76, 87
Kircher, moulin (Ebersheim) 88
Kirsch 129

Klevener de Heiligenstein (vin) 51
Klevner d'Alsace (vin) 51
Kochbuch 84
Kochersberg (région) 28
Kougelhopf 10, 46, 64, 115
Krencher, famille (La Salcée) 117
Kreydenweiss, Marc 52
Kuentz-Bas, famille (Husseren-les-Châteaux) 60, 61
Kzientler, André 55

L

La Charcuterie Alsacienne 78
La Couronne (Buschwiller) 87, 96, 102
La Grangelière (Eguisheim) 60
La Marmite (Muespach) 84
La Petite Auberge (Le Hohwald) 117
La Petite Pierre 17, 18
La Poste (Mulhouse) 81
La Salcée 117
La Tonnelle (Mulhouse) 81
Lacour, Elizabeth et Philippe 87, 96, 102
Lapin 125
Lapoutroie 115
Lard 121
Lardon 121, 126
Largue 81
Lawerknapfla 81
Le Buerehiesel (Strasbourg) 26
Le Cheval Blanc (Kiffis) 92, 100
Le Cheval Blanc (Lembach) 45
Le Crocodile (Strasbourg) 26, 44
Le Fer Rouge (Colmar) 59
Le Pavillon Gourmand (Eguisheim) 60
Le Petit Zinc (Mulhouse) 81
Lebkuchen 26
Lembach 22, 31
Lentilles 36
Les Trois Vallées 81, 114, 115
Lièvre 35
Linge (champ de bataille et musée) 115
Linge de table 59
Litzler, Madame 82
Lotte 91
Lucelle 84, 87
Luttringer, Edgar 87

M

Mâche 66
Maire, famille (Orbey) 117
Maïs 95
Maison du Pays Welche (Vosges) 115
Maison du Val de Villé (Albé) 117
Mallo, Frédéric 56
Männala 26, 78
Manufacture d'impression sur étoffes (Beauvillé) 55
Marcairie 107
Marché 25, 57, 58, 78, 81, 117
   Colmar 57, 58
   Mulhouse 78
   Strasbourg 25
   Sundgau (région) 78, 81
   Villé 117
Marché de Noël 25
Marck, Madame 125
Marinade 125
Marius, Madame 19
Marlenheim 48
Marron 122
Marrot, Paule 59
Masevaux 106
Mathieu, famille (Ribeauvillé) 115
Meistermann, Laurent 64
Menthe 75
Meteor (brasserie) 29
Meyer, famille (Hohwarth) 116
Michelbach-le-Haut 84
Miel 115
Mirabelle 63
Mischler, Fernand et Anne-Marie 34
Mittelbergheim 51, 52
Mochel, Frédéric 50
Monastère de Notre-Dame d'Oelenberg 81
Montaigne 10
Mosbach, famille (Marlenheim) 48, 49
Moulin Jenny (Hésingue) 87
Mulhaupt, Monsieur 26
Mulhouse 77, 78-81
Munster (fromage) 115, 119
Munster (vallée) 111-114
Munster 26, 94
Murbach 111

Muré, famille (Rouffach) 57
Muscat 10, 53, 60, 75, 78, 82
Musée 51, 56, 57, 78, 82, 113, 115
   d'Interlinden 56
   de l'Automobile et du Chemin de fer (Mulhouse) 78
   de l'Impression sur étoffes (Mulhouse) 78
   de la Folie Marco (Barr) 51
   de la Schlitte (Mulhbach) 113
   des Eaux-de-vie (Lapoutroie) 115
   du Linge 115
   Historique (Mulhouse) 78
   Paysan (Oltingue) 82
   Unterlinden (Colmar) 57
Myrtille 113, 129

N
Naegel, pâtisserie 26
Nectarine 75
Neia siassa 30
Neijohrsbretschtall 18
Nell, Michel et Noëlle 118, 119
Niedermorschwihr 110
Noël 25
Noisette 44
Noix 74, 75, 126
Nordgau 77
Notre-Dame d'Oelenberg (monastère) 81

O
Oberdorf 82
Obermodern 19
Obermorschwiller 82, 84
Oie 36
Oignon 22, 69, 70, 91, 122
   foire 22
Oltingue 82, 85
Orbey 115
Orge 28
Outre-Forêt, région 21, 22

P Q
Pain 26, 83, 106, 126
   au feu de bois 83
   noir 26
Pâté 124

Pâtes maison 73
Pâtisserie 26, 78, 79
   Jacques (Mulhouse) 78, 79
   Naegel 26
Paulus, Hervé 90, 91
Pays de Hanau, région 18, 19
Pêche de vigne 75
Peintre-graveur Schongauer 57
Petit Ballon (le) 111
Petit Kohlberg 84
Pfifferdaj, festival (Ribeauvillé) 55
Pigeon 35
Pinot 10, 21, 48
   auxerrois 21
   blanc 10, 21, 53
   gris 10, 21
   noir 10, 48, 60
Plaine du Rhin 88
Plat à baeckeoffe 82
Poire 119
Poireau 39
Pois cassés 36
Poisson 10, 39, 59, 89, 96, 120
   fumé 39, 120
Pomme 98
Pomme de terre 39, 70, 121
Porc 100, 108, 124
Porcelaine 28
Pot-au-feu 87
Poterie 60
Potiron 105, 122
Poulet 43, 70, 73
   au riesling 73
   sauté, sauce au foie gras 43
Prune 45, 63, 75
Quesnot, Jacky 57, 115
Questche 45, 75

R
Raifort 30, 35, 36
Rangen, vignoble (Thann) 60
Reine-claude 63
Restaurant 31, 32, 33, 59, 82, 87, 96, 102
   aux Trois Poissons (Colmar) 59
   Buerehiesel (Strasbourg) 32, 33
   Buerehiesel 32

   La Couronne (Buschwiller) 87, 96, 102
   Le Soleil (Ueberstrass) 82
   Schadt (Blaesheim) 31
Rhin, plaine 88, 89
Rhubarbe 48
Ribeauvillé 55, 115
Richert, Monsieur 22
Riesling 10, 48, 60, 73
Riquewihr 47, 55, 56
Rohrschwihr 53
Rolly-Gassmann, famille (Rohrschwihr) 53
Roquette 32
Rosheim 51
Rouge de Marlenheim 48
Route des Crêtes 109, 115
Route des Vins 47-61
Ruf, Monsieur 83, 84

S
S'Burjestuewel (Strasbourg) 28
Saint-Amarin 109
Saint-Louis-lès-Bitche 17
Saint-marcellin 26
Sainte Odile 77
Sainte-Marie-aux-Mines 115
Salon du Vin et du Fromage 87
Sanglier 22
Sapin 25
Saucisse fumée 100, 113
Saumon 88, 96, 120
Savagnin 51
Schadt, Philippe 31
Schini, famille (Pays de Hanau) 19
Schlumberger, famille (Guebwiller) 111
Schluraff, Monsieur 111
Schmitt, famille (Bergbieten) 50
Schnackla 78, 81
Schnaps 18
Schnitzwecke 26
Schongauer (peintre-graveur) 57
Schweitzer, Albert 111, 114
Schynol, Madame 117
See d'Urbès 109
Seigle 44
Sélection de grains nobles (vin) 10, 59
Seltz, famille (Mittlebergheim) 51, 52, 53

Semoule 82, 87
Sentheim 106
Siffert (spécialiste fromages) 51
Simon, Monsieur et Madame 62
Site remarquable du goût (Sundgau) 78
Soufflenheim 21
Soultz 111
Spätzle 10, 41, 62
Springerle biscuits 17, 27
Steakà 113
Stoeckel, Jean-Marie 54
Storkensohn 109
Strasbourg 16, 25-28
   cathédrale 16
Sundgau, région 77-88
Sundgauer Käskeller 84
Sylvaner 10, 51

T
Tarte à l'oignon 81
Tartelette 33
Terrine 28
Thalbach 81
Thann 59, 60
Théo Cattin et Fils (vins) 60
Thierenbach 111
Tissu 59
Tokay 10, 55
   pinot gris 10
Tomme des Prés du Ried 88
Tournedos 91
Tourte 119, 124
Traenheim 50
Traité de Westphalie 47, 77
Traminer 51
Transhumance 109
Trois Vallées (Les) 81, 114, 115
Truchtersheim 28
Truite 120
Turckheim 59

V
Val de Villé 117
Vanille 102
Veau 100
Veldenz, Georg-Johannes von 17

Vendanges tardives (vin) 10, 59
Verchère, Madame 115
Viande séchée 25
Vieux-Ferrette 84
Vignoble 21
Village-Neuf 87, 88
Villé 117
Vin 10-13, 47-61, 87, 111
    d'Alsace 48
    grand cru 52
    lieux-dits 52
    route des Vins 47
    Sélection de grains nobles 59
    Théo Cattin et Fils 60
    Vendanges tardives 59
Volaille 115
Vonarb, Adrien et Mme 89, 96
Vosges, région 9, 13, 105-117

W Z

Wadel, Madame et Monsieur 82
Waechter, Antoine 13
Wahl, Jean-Luc 84
Walther, famille (Kiffis) 87, 92
Weber, Jacques 61
Wehrey, Monsieur 110
Wertz, famille (Colmar) 59
Westermann, Antoine et Mme 26, 32, 33, 55,
Wissembourg 22
Wistub ou Winstub 26, 28, 48, 54, 59, 62, 64, 75, 81
    Winstub Arnold (Itterswiller) 62
    Wistub Brenner (Colmar) 59
    Wistub du Sommelier (Bergheim) 54, 75
    Zum Pfifferhüs (Ribeauvillé) 64
Wyss-Christen, famille (Leymen) 87
Z (vin) 52
Zind, Geneviève 59
Zind-Humbrecht, Olivier 59
Zind-Humbrecht, vins 59, 60
Zum Pfifferhüs (Ribeauvillé) 64

REMERCIEMENT DE L'ÉDITEUR
Index : Karin Woodruff
Carte : Claire Melinsky

Pour les photographies des recettes (pages 32, 33, 34, 35, 37, 38, 40-1, 42, 45, 63, 65, 66, 68-9, 71, 72, 74, 91, 93, 95, 96, 97, 98, 101, 103, 118, 119, 120, 123, 125, 127, 128)
Intendante : Jane Suthering
Assistante : Katy Holder
Styliste/Directrice artistique : Karen Bowen

REMERCIEMENTS DE L'AUTEUR
Je remercie vivement tous les chefs-cuisiniers, les bouchers, les boulangers, les vignerons, les sommeliers, les fromagers, les fermiers et les pêcheurs d'Alsace pour leur gentillesse et leur générosité ; le comte de Poutales, Dédé Richert et Susy et René Stengel, nos hôtes dans le nord de l'Alsace ; Soeur Esther d'Erckartswiller pour son superbe springerle ; Christiane Bisch pour ses nombreuses recettes et présentations ; Jim Delaney pour son aide pour le logiciel Winword ® ; et Erica Rokweiler qui m'a autorisé à envahir de nouveau sa bibliothèque et a lu mon manuscrit. Je remercie également ma merveilleuse famille qui m'a accompagnée sur les routes - et sur les tables - d'Alsace. Je remercie enfin Charlotte Coleman-Smith, Alison Bolus et Karen Bowen de Conran Octopus ; mon agent Barbara Levy (une grande amie de l'Alsace) ; et Marianne Majerus pour ses magnifiques photographies.

REMERCIEMENTS DU PHOTOGRAPHE
Mon périple photographique en Alsace m'a offert une expérience d'une exceptionnelle chaleur. Je remercie pour leur accueil chaleureux et généreux de nombreux chefs-cuisiniers, les négociants en vin et les vignerons, et les producteurs alimentaires auxquels j'ai rendu visite. Ils sont trop nombreux pour être cités individuellement, mais je n'ai pas oublié leur gentillesse. Je remercie également Jean-Michel et Gillian Edel pour leur aide précieuse lors de notre séjour au Bouxhof ; Karen et Ron Bowen, Jane Suthering et Katy Holder pour leur travail et leur bonne humeur ; Sue et Monty Style pour leur soutien et leur hospitalité. Enfin, je remercie également ma famille de Londres et du Luxembourg : Robert et Nicolas Clark-Majerus et Blanche et Nicolas Majerus-Baron dont le soutien indéfectible a permis la réalisation de cet ouvrage.